NUR IN RHEINSBERG BIN ICH GLÜCKLICH GEWESEN

Ein Gruß an die Leser

Rheinsberg ist ein Ort der Künste. Musik, Theater, Literatur und Baukunst – alles hier atmet den Einklang zwischen Natur und Kultur. Wer durch die schönen Räume des Schlosses geht oder durch den Park streift, geschaffen vom Bauherrn Friedrich und seinem Baumeister Wenzeslaw von Knobelsdorff, der möge bedenken, daß hier ein wichtiger Abschnitt der Entwicklung des Kronprinzen vom Verbannten aus Küstrin über den Obersten in Ruppin zum König von Preußen erfolgte.

Hier reifte er zum Staatsmann, der sich mit den geistigen Grundlagen der Politik befaßte, ein streitbarer Anhänger der europäischen Aufklärung wurde und in Korrespondenz mit dem bedeutendsten Denker seiner Zeit, Voltaire, trat. Hier schrieb er den „Antimachiavell", in dem er die Grundsätze seiner Politik formulierte: „Ein Fürst soll vor allem von Liebe zu seinem Vaterlande durchdrungen sein, und sein einziges Ziel sei es, zu dessen Wohle Nützliches und Großes zu vollbringen." Und: „Das Leben der Untertanen ist der köstlichste Schatz, der dem Fürsten anvertraut wird." Und: „Der Herrscher ist der erste Diener seines Staates. Er wird gut besoldet, damit er die Würde seiner Stellung aufrecht erhält. Aber man verlangt von ihm, daß er tatkräftig zum Wohl seines Staates arbeitet und daß er mindestens mit Aufmerksamkeit die wichtigsten Staatsgeschäfte leitet, den Klagen von jedermann sein Ohr leiht und prompte Gerechtigkeit denen widerfahren läßt, die man unterdrükken will."

Nur hier ist Friedrich nach seinen eigenen Worten glücklich gewesen, und alle Zeitgenossen, die ihn in seiner Jugend begleiteten und Zeugnis ablegten über seinen Weg, bestätigten sein schaffensfrohes Leben in seinen vier Rheinsberger Jahren.

Wir halten dieses Andenken in Ehren und sind bemüht, den Esprit des Ortes in unserer Zeit weiter zu beleben.

Manfred Richter

(Manfred Richter)
Bürgermeister der Stadt Rheinsberg

Inhalt

Kindheit und Jugend

In vielen Veröffentlichungen über Friedrich II. von Preußen wird die Rheinsberger Zeit, vom Kauf des Schlosses 1734 bis zur Thronbesteigung 1740, als freiheitliches Idyll im ansonsten plagenreichen Leben Friedrichs dargestellt. Kurz vor seinem Tod sprach er den bekannten Satz: „Das Unglück hat mich immer verfolgt. Ich bin nur in Rheinsberg glücklich gewesen." Überschaut man sein hartes Leben, immer im Widerspruch, immer im Streit mit seiner Umwelt oder sie mit ihm, immer gezwungen, listenreich bis zur Selbstaufgabe sich schließlich behaupten zu müssen, ohne glückliches Familienleben, geplagt von schweren Krankheiten, dann leuchten die Rheinsberger Jahre in der Tat als eine fröhliche und unbeschwerte Zeit hervor. Doch wie erklären sich die Jahre der „Rheinsberger Republik", wie sie ein französischer Historiker längst vor der erneuten Preußendebatte unserer Jahre nennt? Eine Republik mitten im Absolutismus?

Er wuchs an einem streng geführten Hof auf, an dem der König unumschränkt herrschte. Das Leben in Berlin war bei weitem kein Zuckerschlecken. Als Kind in den Händen der Oberhofmeisterin der Königin, sei er ein überaus munterer und lebhafter Prinz gewesen, der eine sehr feine und geistreiche Bildung genossen habe. Frau von Sacetot erkannte in ihm entzückt „einen englischen (engelsgleichen) Verstand, der alles, was man ihm unterbreitete, mit der größten Leichtigkeit erfasse." Als er sieben Jahre alt wurde, nahm man ihn aus der Erziehung der frauenbestimmten Hofhaltung und übergab ihn einem Oberhofmeister, dem Grafen Albrecht Konrad Finck von Finckenstein, der von nun an die Hofhaltung des Kronprinzen und damit seine Erziehung nach den Anweisungen des Königs leitete. Dieser wiederum beauftragte Graf Christoph Wilhelm von Kalckstein mit der Stelle des Hofmeisters beim Prinzen.

Die richtige Erziehung des Thronfolgers gehörte zu den erstrangigen Staatsangelegenheiten. Die ihm anerzogenen Grundsätze und Kenntnisse bestimmten schließlich, durch einen lauteren Charakter angewandt, über das weitere Schicksal des Hauses Brandenburg und Preußen. Daher verwundert es nicht, daß die Erziehung minutiös geregelt war und mit „streng“ zu gering bezeichnet ist. Ein Zeitgenosse, der das Hofleben distanziert beobachtete, meinte: „Der König sowohl als auch die Königin halten im übrigen diesen Prinz unter einer scharfen Zucht und es sind wohl wenige Königskinder in der Welt, denen so durch den Sinn gefahren und der jugendliche Wille gebeuget wird.“

Diese Haltung der Königsfamilie war die Reaktion auf die Verschwendung des Hofes unter Friedrich I. Sein Nachfolger, der Vater unseres Kronprinzen, König Friedrich Wilhelm I. in Preußen, hatte ein Sparregime eingeführt und eisern durchgehalten, was der Zeitgenosse auch bei der königlichen Familie beobachtet:

„Die Königin ist eine höchst verehrungswürdige Dame: sie hat das beste Herz von der Welt und eine gründliche Vernunft. Sie weiß sich vollkommen in die Gemütsart des Königs zu schicken. Sie liebt die Musik als ihre einzige Ergötzlichkeit. Dem ungeachtet aber finden sich doch wenige Virtuosen bei Hof. Der König wendet lieber etwas auf einen guten Waldhornisten. Im Sommer fährt die Königin insgeheim gegen Abend nach Monbijou, welches ein Garten an der Spree mit einem kleinen Lustgebäude ist, worinnen vor einem Jahr der Zar (Peter der I.) sich hat gefallen lassen, sein Quartier zu nehmen. Ein paar schlechte Kutschen, mit sechs alten Pferden bespannet und ein kleiner Mohr zu Seiten: Dieses ist gemeiniglich der ganze Aufzug dieser großen Königin. Hier, dachte ich, können die Großen haushalten lernen.

Ich wollte es keinem raten, daß er sich am Hof zu Berlin mit buntscheckigen französischen Modellkleidern sehen ließ, er müßte sich dann gern auslachen lassen, wie solches einem von meinen guten Freunden begegnet ist, der seine von Paris mitgebrachten Kleider, nachdem er sich einmal damit bei Hof gezeiget, wieder einpacken mußte, um dem Mißfallen des Königs und dem Gespötte der Höflinge sich zu entziehen. Dieser Monarch kann nichts weniger als dergleichen kleine geputzte Puppen leiden.

Der schönste Glanz des preußischen Hofes besteht in der auserlesenen Mannschaft, die der König auf den Beinen hat. Insonderheit ist das große Grenadier-Regiment zu Potsdam etwas so herrliches und majestätisches, daß kein Potentat in der Welt es darinnen leicht dem König in Preußen wird vortun können. Man kann nichts schöneres, nichts ordentlicheres und zugleich auch nichts kriegerischeres sehen. Wenn sie ihre Waffenübungen machen, wenn sie schwenken, wenn sie Feuer geben, wenn sie auf und ab ziehen, so läßt es, als ob sie zusammen nur einen Körper ausmachten und von einer einzigen Triebfeder zugleich angezogen würden.

Man sagt, daß der König im Stand sei, für das Geld, womit er unter dem Schloß die Gewölbe angefüllt hätte, noch zwei solcher Armeen auf die Beine zu setzen. Dieses ist wohl zu glauben. Der größte Teil der königlichen Einkünfte kommet in die Gewölbe."

In dieser Welt wächst der Kronprinz mit seinen Geschwistern auf. Dort verbringt er seine freien Stunden. Da in Monbijou heimlich musiziert wird, lernt er die Heimlichkeiten vor dem König kennen und damit auch, daß man seine Gedanken nicht frei äußern kann, wenn sie denen des Königs nicht entsprechen. „Das Französische" kommt in einer veränderten, bescheideneren Form nach Berlin, über die Hugenotten, die ohnehin nicht Anhänger des Prunks am französischen Hof sind. Allerdings bringen sie die aufklärerischen Gedanken aus Frankreich mit. Friedrichs Lehrer Duhan verschafft ihm die wichtigsten Bücher aus Frankreich, sie wecken die Liebe zur französischen Sprache, zur französischen Kultur überhaupt. Sein feiner Sinn und Geschmack kommen von daher. Dem Schönheitsideal seines Vaters entspricht ein Regiment ansehnlicher, großgewachsener Soldaten. Seine Unterhaltung sucht er im Würfelspiel, Biertrinken und Tabakrauchen. Er bevorzugt grobe Späße und Zoten anstelle eleganter Verse und Preislieder über die Liebesbeziehungen griechischer Götter. Das freie Lebensideal hat seine Wurzeln in Griechenland und Rom und kommt via Frankreich nach Preußen.

So wächst er auf. In den Unterrichtsstunden die bigotten Religionsübungen, Bibelexegese einfältigster Art nach dem Religionsverständnis des Vaters, Geschichte des Hauses, Reiten, Fechten. Der Oberaufseher ist jetzt der Kriegsminister Grumbkow. Der steht zwischen Vater und Sohn, zwischen Erziehung und Aufsicht. Alle wissen, daß er jede Regung an den König melden muß, und wenn er etwas Positives berichtet, glaubt dieser ihm nicht. So stellt sich kein Vertrauen her, überall nur Berechnung, Heuchelei an allen Ecken und Enden. Zur Mutter hat er eine größere Zuneigung, aber insgeheim belächelt oder bedauert er sie. Das Eheleben ist nachhaltig gestört, der König mutet seiner Frau sogar zu, in seinen Haß gegen ihr Welfenhaus einzustimmen: „Ein Kujon, wer gut hannoveranisch ist!"

Diese Verhältnisse erwecken beim frühreifen, pubertierenden Jungen nur Verachtung. Diese aber kann er nicht verbergen, so daß er immer wieder Gegenstand öffentlicher Belehrungen durch den König wird, manchmal verbunden mit körperlichen Züchtigungen, Ohrfeigen und Faustschlägen. Er hat keine andere Wahl als sich den Umständen anzupassen, demütig zu tun und listenreich zu sein. Glücklich ist er wohl nur, wenn er die Flöte in den Händen hält. Um das permanent gespannte Verhältnis zu seinem Vater zu bereinigen, schreibt er einen Brief an „meinen lieben Papa. ... bitte ich hiermit untertänigst um Vergebung und hoffe, daß mein lieber Papa den grausamen Haß, den ich aus allem seinem Tun genug habe wahrnehmen können, werde fahren lassen. Ich hoffe, daß mein lieber Papa dieses alles nachdenken und mir wieder gnädig sein wird; indessen versichere ich ihm, daß ich doch meiner Tage nicht mit Willen fehlen werden..."

Als der Brief ankommt, zögert der Vater keinen Moment, die Antwort kommt prompt. Sie ist sehr aufschlußreich und erklärt mehr als alle psychologischen Betrachtungen das Spannungsverhältnis zwischen dem König und dem sechzehnjährigen Kronprinzen, an dessen Eignung für den Thron er nicht glauben will, solange der sich nicht fügt: „Sein eigensinniger böser Kopf, der nicht seinen Vater liebet; denn wenn man seinen Vater liebet, so tut man, was er haben will, nicht wenn er dabei steht, sondern wenn er nicht alles sieht. Zum anderen weiß er wohl, daß ich keinen effeminierten (verweiblichten) Kerl leiden kann, der keine menschlichen Inklinationen (Neigungen, Vorlieben) hat, nicht reiten noch schießen kann, und dabei malpropere (unsauber, unordentlich) an seinem Leibe, seine Haare wie ein Narr sich frisieret und nicht verschneidet, und ich dies alles tausendmal reprimandieret (beanstandet, getadelt), aber alles umsonst und keine Besserung in nichts ist. Zum anderen hoffärtig, recht bauernstolz ist, mit keinem Menschen spricht und nicht populär und affable (umgänglich) ist, und mit dem Gesicht Grimassen macht, als wenn er ein Narr wäre, und in nichts meinen Willen tut, als mit der Force (Zwang) angehalten; nichts aus Liebe, und er alles dazu nichts Lust hat, als seinem eigenen Kopf folgen, sonsten alles nichts nütze ist. Dieses ist die Antwort. Friedrich Wilhelm."

Am Beispiel dieses Briefes kann man sich vorstellen, wie die Atmosphäre am Hof war. Die ausländischen Diplomaten haben jede Differenz zwischen Vater und Sohn benutzt, um Intrigen zu spinnen, um für die eigenen Interessen nach der Machtübernahme günstige Konstellationen vorzubereiten. Bereits mit dem Vierzehnjährigen sprechen die französischen und englischen Gesandten über die Zeit nach dem Tod des Königs, und er läßt sich darauf ein. Später kommen auch die Österreicher dazu, von ihrem Gesandten Seckendorff nehmen er und seine Schwester Wilhelmine finanzielle Unterstützung an, die der Wiener Hof nur allzu gern gewährt.

In Dresden, wohin der Sechzehnjährige seinen Vater begleiten darf, lernt er eine andere, sinnenfrohe, ausgelassene Lebensauffassung kennen. Er wird von den Damen umschwärmt, seine klugen Sprüche werden bewundert, seinem Flötenspiel applaudiert. Er lernt den Virtuosen Quantz kennen, spielt ihm vor und erfährt so manche Unterweisung. Und die Damenwelt im Dresdener Schloß zeigt sich ihm auch unverhüllt, und seine Schwester teilt der Nachwelt mit, daß er sich bei einer von ihnen die „französische Krankheit" erworben habe, die damals unheilbar war. Daher mag die Furcht vor der Ehe und die dauernde Trennung von seiner Frau verständlich werden, denn auch die Bemerkungen Voltaires über seine sexuellen Vorlieben deuten darauf hin: „Wenn Seine Majestät angekleidet war und die Stiefel angezogen hatte, widmete der Stoiker einige Augenblicke den Anhängern Epikurs. Er ließ zwei oder drei Günstlinge kommen, Leutnants seines Regiments, Pagen, Heiducken oder junge Kadetten, und nahm mit ihnen den Kaffee. Derjenige, dem er ein Taschentuch zuwarf, blieb ein kleines Viertelstündchen mit ihm allein. In Anbetracht dessen, daß der Fürst zu Lebzeiten seines Vaters bei seinen flüchtigen Liebschaften sehr schlecht gefahren war und nicht weniger schlecht geheilt wurde, kam es dabei nicht zum Alleräußersten. Er konnte nicht die erste Rolle spielen und mußte sich mit der zweiten begnügen. Waren diese Schuljungenvergnügen beendet, so kamen die Staatsgeschäfte an die Reihe."

Die Spannungen nehmen eher zu, der König denkt schon daran, die Erbfolge zu ändern, wenn Friedrich sich nicht an seine Weisungen hält. Ein Streitpunkt ist die Meinung der Königin, Friedrich und seine Schwester Wilhelmine müßten in einer Doppelhochzeit mit dem englischen Königshaus verbunden werden. Die Prinzessin träumt bereits davon, aber Friedrich denkt noch nicht ernsthaft ans Heiraten. Eigentlich kann jedes größere Königshaus in Europa mit jedem anderen durch Eheschließung verbunden werden, es kommt allein auf die politischen Absichten der Herrscher an. Gründe zur Annahme oder Ablehnung sind daher meistens nur vorgeschoben. Die Aussichten für Friedrich stehen nicht schlecht. Ein Vorschlag, ihn mit der künftigen Zarin zu verheiraten, findet zuerst Anklang, man bedenke, das Riesenreich im Osten mit Preußen verbunden! Die Sache scheitert daran, daß Rußland verlangt, die Kinder sollten der russisch-orthodoxen Religion angehören.

Hinter der englischen Option einer Doppelhochzeit wittert der König schließlich eine Intrige der Mutter, die mit dem englischen Haus über Hannover verbunden ist. Bleibt noch die Verbindung mit dem kaiserlichen Hof in Wien. Auch hier spielt schließlich die Religion eine Rolle, Friedrich hätte katholisch werden müssen. Das aber kam für den Calvinisten Friedrich Wilhelm gar nicht in Frage. Die Engländer blieben hartnäckig, sie wollten in das Zentrum Europas und boten für beide Kinder gute Partien, zuerst aber nur im Doppelpack, damit die Bindungen stärker würden. Die Intrigen am Hof konzentrierten sich um die Wiener und die Londoner Partei. Alle belauerten sich, fingen Briefe ab und spielten sie sich zu. In einer peinlichen Konfrontation Friedrich Wilhelms wegen eines Geheimbriefes seines Ministers Grumbkow an den Wiener Gesandten Seckendorff durch den englischen Botschafter verlor Friedrich Wilhelm die Nerven und brüskierte den Gesandten Georgs II. Dieser reiste wegen der Beleidigung seines Herrn ab, und der englische Plan war vorerst beendet.

Friedrich denkt von hier ab ernsthaft an eine Flucht aus dem Machtbereich seines Vaters. Erwogen hatte er diesen Schritt schon länger, nun hat er die Demütigungen endgültig satt. Was sollte er tun? Zu einer Bildungsreise, erhofft und vielleicht sogar fest geplant, war es nicht gekommen. Durfte er die Welt nicht kennenlernen, wo sie am interessantesten war? Warum schickte ihn der Vater nicht nach Holland oder

Frankreich oder Italien? Mit seinem Freund Keith spricht er zum erstenmal über die Flucht, dann aber wird dieser nach Wesel versetzt, und Friedrich vertraut sich Hans Hermann Katte an, der ihm auf der sächsischen Reise nähergekommen war. Der Kronprinz will nach England gehen. Dem Gesandten wird ein Brief an Onkel Georg übergeben, in dem er ankündigt, daß er bei einer Reise nach Ansbach, Stuttgart und Cleve, auf der er seinen Vater begleiten solle, über Frankreich nach England fliehen wolle. Er bitte um Unterstützung und freundliche Aufnahme. Georg II. antwortet zwar freundlich, aber ablehnend. Friedrich möge bedenken, welche unabsehbaren Verwicklungen aus diesem Schritt entstehen könnten. Er versprach ihm die Bezahlung seiner Schulden, die Friedrich verdoppelt mit 15 000 Talern angab.

Wahrscheinlich lag es an einer erneuten Züchtigung durch den Vater, daß der Kronprinz fest auf seinem Plan beharrte. Katte riet ab, versprach aber schließlich mitzumachen. Ihre Fluchtkasse betrug 3000 Taler. Friedrich wußte jedoch nicht, daß der Vater ihn nur auf die Reise mitnahm, um ihn auf diese Weise besser überwachen zu können. Er befahl, daß drei Offiziere mit dem Kronprinzen im selben Wagen reisen sollten. Friedrich rechnet fest mit der Hilfe Kattes, dieser schreibt ihm jedoch, daß er nicht kommen könne. So wendet er sich an einen Bruder Keiths, der in der Pagengruppe des Königs diente.

Doch alles mißlingt. Keith ist unbedarft, hält die Verabredung, die Pferde zu bringen, nicht ein. Friedrich wartet nachts vor der Scheune und wird entdeckt. Aber alles scheint noch einmal gut zu gehen, und er bestimmt den nächsten Tag, den 6. August 1730, zur Flucht. Doch Keith schlägt das Gewissen, und er offenbart sich dem König. Dieser läßt seinen Sohn verhaften und setzt die Reise planmäßig fort, aber als sie nach einer Woche in der Festung Wesel auf preußisches Gebiet kommen, beginnt der König, nachdem er Friedrich bald erwürgt hätte, mit den Verhören. Von nun an ist er Staatsgefangener. Keith kann nach England fliehen, Katte wird bei Berlin ge-

Kronprinz Friedrich (1737)
Ölgemälde von Knobelsdorff

faßt. Der Gerichtsprozeß beginnt. Keith wird in Abwesenheit wegen Fahnenflucht zum Tode verurteilt, Katte wegen mehrerer Anklagepunkte ebenfalls. Das Militärgericht bittet aber den König, die Strafe zu mildern, weil Katte versucht habe, den Kronprinzen von der Flucht abzuhalten. Bei Friedrich erklären sich die Offiziere für unzuständig, da er als Angehöriger des Königshauses nicht ihrer Gerichtsbarkeit unterstünde.

Beide kommen in das Küstriner Schloß. Der Befehl des Königs lautet: „Den Montag als den 6. (November 1730), früh um 7 Uhr, sollet ihr von der Garnison 150 Mann commandiren lassen, die den Kreis schließen sollen vor die Fenster des Kronprinzen..., so daß der Kronprinz aus dem Fenster selbigen Platz gut übersehen kann. Der Leichnam soll, von Posten bewacht, bis zwei Uhr nachmittags auf dem Richtplatz liegenbleiben." Zwei Soldaten kamen in das Zimmer Friedrichs und zwangen ihn, aus dem Fenster zu sehen. Katte war gefaßt und starb beim ersten Streich des Scharfrichters. Friedrich sank in Ohnmacht. Später und in den nächsten Tagen kam Pastor Müller, vom Vater bestimmt, um Friedrich religiösen Beistand zu leisten. Aber Müller hatte noch einen zweiten Auftrag bekommen. Er sollte den Sohn veranlassen, vor Zeugen auf die Knie zu fallen und zu bereuen, denn nur dadurch könnte der Vater milde gestimmt werden und vergeben. Der König warnt aber, sich nicht täuschen zu lassen, denn sein Sohn sei ein verschlagener Kopf.

Müller gibt sich alle Mühe, den ersten Teil der Läuterung herbeizuführen. Die Schwierigkeit in den Gesprächen besteht im Glauben Friedrichs an die Prädestination (göttliche Vorherbestimmung). Solange er daran glaubt, daß menschliches Handeln durch den Willen Gottes bestimmt sei, könne er sich darauf berufen und ist von persönlicher Verantwortung für die Folgen frei. Theologisch ist dieses Problem nicht einfach zu klären und auch in den verschiedenen Perioden des Christentums und des Islam nie gelöst worden. Zwischen der Willensfreiheit des Individuums und der göttlichen Bestimmung besteht ein unauflösbarer Widerspruch, den Müller jetzt im Sinne preußischer Zucht aufheben soll.

Der Pastor weicht aus auf das Gottesgnadentum, das den Herrscher als von Gott berufen darstellt: Nur ihm ist der Fürst verantwortlich, seinem Titel ist die Formel „von Gottes Gnaden" hinzugefügt. Alle Machtentscheidungen sind von daher gerechtfertigt, ein Monarch muß niemandem auf der Welt Rechenschaft ablegen. Wenn Friedrich einmal regieren wolle, müsse er den Glauben an die Prädestination ablegen. Seine Flucht, die der Vater Desertion nennt, sei nicht durch den göttlichen Willen gerechtfertigt. Nun begreift Friedrich die Absicht der Belehrung, und er gibt langsam nach und erklärt dann: „Es ist also keine Fatalität, sondern ich allein habe Schuld an Kattens Tod und meinem eigenen Unglück." Müller meldet erleichtert, daß die Ketzerei überwunden sei, nun solle Barmherzigkeit und Vergebung einsetzen, sonst würde Friedrich von einer Gemütskrankheit bedroht sein.

Die Antwort kommt. Es ist ihm noch nicht vergeben, aber der Arrest wird gelockert, er darf die Stube verlassen und sich innerhalb der Stadt bewegen. Bevor er die vorgesehene Ausbildung in der Kriegs- und Domänenkammer beginnen darf, soll er einen Eid ablegen, mit lauter, deutlicher Stimme und ohne Vorbehalte: „So helfe unser Heiland, daß dieser ungeratene Sohn zu seiner Gemeinschaft gebracht, sein gottloses Herz zerknirscht, erweicht und geändert, auch dem Satan aus den Klauen entrissen werden möge." Vor Grumbkow, fünf weiteren Offizieren und einem Geheimrat schwört der Kronprinz am 18. November 1730 dem König, Vater und Herrn „allemal getreu, gehorsam und untertänig" zu sein. Er erhält darauf zwar den Degen, doch er bleibt außerhalb der Armee, ihm wird von keinem Posten salutiert. Ein Deserteur hat nicht das Recht, die Uniform zu tragen.

Am Montag, dem 20. November 1730, meldet er sich zum erstenmal zum Dienst.

Lehrjahre eines Fürsten in Küstrin

Während Friedrich bei jedem Besuch des Feldpredigers Müller vom Regiment Gendarms, der königlichen Leibgarde, geglaubt hatte, dieser käme, um ihn auf seine Hinrichtung vorzubereiten, konnte er jetzt, nachdem eine neue Lage entstanden war, etwas freier atmen. Jedoch der Vorwurf, er würde nach wie vor der Prädestination anhängen, war nicht glaubhaft ausgeräumt. Vielmehr verlangte der Vater weiterhin, er solle die Personen nennen, die ihm die Irrlehre beigebracht hätten. Trotz mehrmaliger Aufforderung schweigt Friedrich, er nennt nur einige Buchtitel und wiederholt seine Unterwerfung unter den Willen des Vaters.

Drei Männer haben die Aufgabe, sein Verhalten zu beobachten. Zum ersten ist es der Kriegsminister und Feldmarschall Friedrich Wilhelm von Grumbkow. Er könnte vom Alter her sein Vater sein und dient als Verbindungsmann zwischen dem Hofmarschall Gerhard Heinrich von Wolden, dem Kammerdirektor Christoph Werner Hille auf der Küstriner Seite und dem König in Berlin. Grumbkow gibt die Berichte der beiden mit Streichungen oder Zusätzen weiter, auch an die Österreicher, die ihn dafür gut bezahlen.

Die Herren berichten, daß Friedrich den Angelegenheiten der Kriegs- und Domänenkammer mit geringem Interesse gegenüberstehe, daß seine Hauptneigung auch nicht die Musik sei, der er immer noch mit der Flöte diene, sondern die Dichtung. Er könne die Poesieregeln des Aristoteles an den Fingern abgezählt herunterbeten, wisse aber über die Geschichte seines Hauses kaum Bescheid. Es sei denn, man rechne die Gespräche Leibniz' mit seiner Großmutter Sophie Charlotte ausdrücklich dazu. Dagegen aber könne man nichts haben, drehten sie sich doch um die Prädestination. Sie klagen über die mangelnde Ausstattung des Haushaltes mit Kleidung, Bett- und Leinenzeug, und bitten auch um die Zulassung „ehrlicher

Leute, die hier am Orte sind" zur Tafel, um etwas Unterhaltung und Landeskenntnis zu befördern. Die Frage nach Büchern wird noch nicht gestellt, sie sind ihm allesamt verboten, auch Sachbücher über Landwirtschaft oder Festungsbau, von Belletristik ganz zu schweigen.

Immerhin hat er zwei Kammerjunker zugeteilt bekommen, Karl Dubislav von Natzmer und Wilhelm von Rohdewell. Beide sind Vertrauensleute des Königs und betrachten ihre Funktion als Schritt auf der Karriereleiter. Hille berichtet an Grumbkow, daß sich der Kronprinz erfolgreich mit dem Finanzwesen beschäftige, sich aber nie näher mit diesen Geschäften befassen werde. Er habe geäußert, daß ihm die hohe Politik vornehmer und beachtenswerter zu sein schiene. Wenn er erfahrene Leute mit der Führung der Finanzen beauftrage und sie gut dafür bezahle, könne er sich auch auf sie verlassen. Selbst wenn er hier und da betrogen würde, werde der Verlust nicht groß sein, das Geld bliebe sowieso im Lande und käme wieder in die Truhen des Monarchen zurück. Im übrigen bemühen Hille und Natzmer sich, „seinen hohen Begriff von den französischen Schöngeistern" ins Lächerliche zu ziehen. Alle Beteiligten begrüßen auch, daß der Auskultator (Anwärter), wie seine Berufsbezeichnung jetzt lautet, bereits einen eigenen Vorschlag für die Förderung der Leinenproduktion ohne Weisung durch die Mentoren gemacht habe, der aber noch nicht ausgereift sei. Über dessen Ablehnung war Friedrich enttäuscht.

Bereits Anfang April 1731 entwirft der Kronprinz eine widerspruchsvolle Erklärung an den König, in der er sich mit seiner Zukunft beschäftigt. Sie ist zwar als Entwurf deklariert, direkt an Grumbkow gerichtet, aber dennoch ernst gemeint. Es geht um die Heiratspläne mit dem Haus Österreich. Er sei damit einverstanden, wolle aber keinem Wechsel des Glaubensbekenntnisses zustimmen. Auch in diesem Fall – es war kein aussichtsreicher katholischer Kandidat in Sicht – würde die Pragmatische Sanktion eingehalten werden können, da er aus einem Land religiöser Toleranz käme und außerdem Wilhelmine mit dem englischen Haus verbunden würde. Sollte aber das europäische Gleichgewicht durch seine Heirat zu sehr gestört werden und der Schritt auf Widerstand stoßen, so verzichte Friedrich zugunsten seines Bruders August Wilhelm auf die preußisch Thronfolge, wenn man ihm „soviel aussetze, daß er zu Lebzeiten des Kaisers (Karl VI.) mit Anstand leben könne." Wolden, Natzmer und Rohdewell bestätigten unterschriftlich die Richtigkeit der Botschaft.

Grumbkow fällt aus allen Wolken und schickt die Sache zurück mit dem Auftrag, das Papier zu verbrennen. Würde er es weitergeben, „wäre alles verloren." Der König sei im Gegenteil immer noch der Meinung, daß der Kronprinz sich nur verstelle und den Vater nicht liebe. Darauf müsse man sich in Küstrin einstellen und die Briefe entsprechend abfassen.

Nun will Hille sich aus der Schlinge ziehen und bezichtigt Natzmer, „diesen kleinen Politiker", der Anstiftung zu diesen Vorschlägen. Schließlich treffen sich alle Beteiligten und verbrennen das Schreiben. Die Affäre ist aus der Welt, noch einmal ist es gut gegangen. Mitte Mai erhält der Kronprinz einen Brief des Königs. Er hat wahrscheinlich die Mitteilung erhalten, daß Wilhelmine nun verheiratet werden soll, und zwar nicht mit dem Prinzen von Wales, sondern entweder mit dem Markgrafen Friedrich von Schwedt, dem Herzog Johann Adolf von Sachsen-Weißenfels oder mit dem Erbprinzen Friedrich von Bayreuth. Für letzteren entscheidet sich Wilhelmine, deren Herz allerdings immer noch an der englischen Linie hängt. Aber der Vater hatte ihr angedroht, sie nach Memel in die Verbannung zu schicken, falls sie alle drei Kandidaten ablehnt.

Friedrich schimpft auf die Engländer, die zu spät der Einzelehe zugestimmt hätten, auch hatte er erwartet, daß Wilhelmine lieber nach Memel gegangen wäre. Im übrigen wirkt sich die Entscheidung für ihn auch praktisch aus. Es werden ihm neue Kleider angemessen. Die Hochzeit der Schwester steht bevor.

Friedrich darf dabei sein. Wilhelmine ist nicht glücklich, aber es ist ihr Tag. Die Kanonen donnern von den Wällen. Unter Tränen gibt sie ihr Jawort. Friedrich steht im Hintergrund und beobachtet alles kühl. So ist es doch nur eine Notlösung geworden, so wird es auch ihm ergehen, ahnt er. Als die Schwester Friedrich entdeckt, dankt sie dem König für die Beurlaubung und bittet ihn, den Bruder nunmehr ganz zu begnadigen. Wenn sie sich füge, so wurde ihr damals zugesagt, käme auch der Bruder frei. Aber anstatt ihr zu danken, bleibt Friedrich unzugänglich. Er hatte immer noch gehofft, daß sie sich diesem „Lumpen“ versagen würde. Mit seinem Schwager spricht er gar nicht, er ist für ihn inakzeptabel. Gegen den Prinzen von Wales ist der Erbprinz nur ein Verlegenheitskandidat, den außer dem König eigentlich niemand will.

Als Friedrich wieder in Küstrin ist, kommt die Entscheidung auch auf ihn zu. Der König hatte ihm mitgeteilt, daß auch er nur nach den Interessen des Königs zu heiraten habe, und zwar keine Prinzessin aus dem englischen Haus. Er erwarte, daß sein Sohn sich darin schicke. Der verspricht es und hofft, daß man ihm etwas Freiheit läßt, die Kandidatin ihm gefällt und er sich einen kleinen Hofstaat halten kann. Die Verhältnisse in Küstrin und in der Kammer langweilen ihn unsäglich wegen ihrer Eintönigkeit. Da kommen im Juni neue Nachrichten. Seine drei Kandidatinnen sind Friederike von Sachsen-Gotha, Christiane Wilhelmine von Sachsen-Eisenach und Elisabeth Christine von Braunschweig-Bevern. Er kennt sie alle nicht, ihm ist es gleich, er will sich dem König unterwerfen. Doch dieser sagt, er „werde die Zeit schon wissen, wenn das böse Herz wahrhaftig gebessert sei.“ Was soll er nur tun? Auch die Mentoren wissen nicht mehr weiter.

Die Ratlosigkeit hat im August ein Ende, der König hat sich nach einem Jahr der Buße in Küstrin angesagt, um sich selbst ein Bild zu machen: „Sodann will ich ihn sehen, und wenn ich demselben nur in die Augen sehen werde, will ich gleich urteilen, ob er sich gebessert hat oder nicht." Im Haus des Gouverneurs steigt er ab und verlangt nach seinem Sohn. Sofort, nachdem er eingetreten ist, wirft Friedrich sich auf den Boden vor die Füße des Vaters. Dieser läßt ihn aufstehen und hält eine Rede:

„Ihr habt gemeint, mit Eurem Eigensinne durchzukommen, aber höre mein Kerl, wenn du auch sechzig und siebzig Jahre alt wärst, so sollst du mich nichts vorschreiben. Und da ich mich bis dato gegen Jedermann souteniret (durchgesetzt), wird es mir an Mitteln auch nicht fehlen, Dich zur Raison zu bringen." – Nach dieser Drohung stellt er Fragen: „Warum habt Ihr die Vaterliebe zurückgestoßen, da ich doch alles, was ich zum Aggrandissement (größeren Ansehen) des Hauses, der Armee und Finanzen tue, nur für Euch sein wird, wenn Ihr Euch dessen würdig machet?"

Friedrich fällt erneut auf die Knie und muß sich anhören, daß er auch die Mutter gefährdet hätte, wenn sein Plan gelungen wäre, und seine Schwester wäre lebenslang an einen Ort gesetzt worden, „wo sie weder Sonne noch Mond beschienen hätten." – „Hast du Katten verführt oder hat Katte dich verführt?" – „Ich habe ihn verführt." – „Es ist mir lieb, daß Ihr einmal die Wahrheit sagt." Doch das alles genügt dem König nicht. Wusterhausen und die einfachen Sitten dort sollen ihm gefallen, nicht die französische Lebensart, nicht die Spiele, die Haarbeutel, die Flöte. Als er fertig ist, kommt der entscheidende Satz, es ist schließlich der 43. Geburtstag des Vaters, dem Friedrich nicht gewagt hat, zu gratulieren: „Ich vergeb gänzlich das Vergangene in Hoffnung auf bessere Aufführung." Dann kommt der Wagen. Vor allem Volk fällt der Sohn zum dritten mal auf die Knie und küßt ihm die Füße. Der Vater hebt ihn auf, umarmt ihn.

Zehn Tage später kommt eine neue, lange Instruktion von Grumbkow mit detaillierten Anweisungen für das weitere Verhalten Friedrichs. Sein Betragen gegenüber dem König soll „schlicht, ungezwungen und achtungsvoll" sein. Die Mutter solle nicht dem König vorgezogen werden, Zurückhaltung auch gegenüber der Schwester. Soldat dürfe er noch nicht wieder werden, zu den ausländischen Gesandten nur Höflichkeitsbezeigungen, seine Gesellschaft solle nur aus erfahrenen Männern bestehen. Im ganzen aber war die neue Instruktion eine Aufforderung, die Lehrzeit gut zu bestehen und brachte dem Kronprinzen auch mehr Freiheit nach außen.

Über seine Ausflüge macht Friedrich Notizen und Vorschläge, sie betreffen die Entwässerung des Bruchs bei Wollup. Carzig soll auf der Brandstelle des Waldes ein neues Vorwerk errichten. In Himmelstädt sei die Brauerei so hinfällig, daß das Dach einzustürzen drohe. Sie solle in eine verlassene Kirche verlegt werden, weil man dort nicht arbeiten könne. Die Fronbauern müssen jeden Tag mit einem Pferd zur Arbeit, kämen sie jeden zweiten Tag mit zwei Pferden, könnten sie auch ihre eigenen Wirtschaften hochbringen. Ein Vermessungsfehler ist zu korrigieren, er hat ihn entdeckt. Nun geht er auf die Jagd und schießt Schwarzwild, das Schaden macht. Als Aufmerksamkeit schickt er dem Vater von der Schlachtung in Wollup ein besonders fettes Stück Schweinefleisch.

Der Vater sieht seine wirtschaftlichen Ideen mit mißtrauischem Wohlgefallen. Sollte der Sohn sich doch nach den eindringlichen Vorhaltungen bessern? Er verfolgt genau die Ausbildung Friedrichs vor Ort, diesseits und jenseits der Oder und entlang der Warthe. Friedrich besucht die Güter Golzow und Wollup in der Nähe Küstrins, danach inspiziert er drei Güter bei Sonnenburg auf der östlichen Seite der Oder. Markgraf Karl von Schwedt besucht ihn auf der Durchreise. Durch eine Weinspende von Grumbkow, die zur rechten Zeit eintraf, konnte er einen guten Eindruck mit der Bewirtung machen, denn die Tischgäste waren zum Schluß alle betrunken, auch Markgraf Karl und sein Gefolge waren ganz „kaputt und bezecht." Leider darf Friedrich nicht mit ihm zur Inspektion nach Sonnenburg mitreisen, der König hat es verboten; der Sohn steht immer noch unter Kuratel. Doch der arbeitet weiter und weist nach, daß das neue Vorwerk von Carzig um 20 Prozent mehr Gewinn abwerfen könne.

Die Heiratspläne aber lassen ihn nicht mehr los. Die Wahl des Königs fiel auf die Prinzessin von Bevern. Als er erfährt, daß sein Zukünftige „häßlich und dumm“ sein soll, überlegt er aber trotzdem einen Handel. Immerhin ist sie die Nichte der Kaiserin Elisabeth, der Frau Kaiser Karls VI. Hille fragt ihn: „Wenn die Prinzessin häßlich und dumm ist, werden Sie sie dann lieben und wirklich mit ihr leben können?“ Er entgegnet: „Nein, sicher nicht.“ „Und was werden Sie dann tun?“ Er antwortet: „Ich werde sie sitzen lassen, sobald ich mein eigener Herr bin. Man muß es mir nachsehen, daß ich mich aus der Klemme ziehe, so gut ich kann.“

Hille erklärt dem Kronprinzen, daß kein Ehrenmann, auf keinen Fall der König, so etwas mitmachen würde, die Folgen einer unglücklichen Ehe seien beträchtlich. Er solle die Entscheidungen des Königs abwarten. Friedrich träumt jedoch von einer vakanten Stelle eines Regimentskommandeurs, er möchte in Frankfurt oder Küstrin ein Regiment befehligen und weiter in der Kammer arbeiten. Er würde stets Uniform tragen. Als Hille die Sprache auf die Vergnügungen bringt, äußert er sich offenherzig:

„Ich versichere Ihnen – aber sagen Sie es nicht weiter – mein schönstes Vergnügen ist die Lektüre. Ich liebe die Musik, aber weit mehr das Tanzen. Die Jagd hasse ich, aber ich reite sehr gern. Wäre ich mein eigener Herr, ich triebe dies alles, wie ich gerade Lust hätte, aber einen guten Teil meiner Zeit würde ich meinen Geschäften widmen... Außerdem würde ich dafür sorgen, daß meine Tafel sauber und mit feinen Gerichten besetzt ist, aber ohne Verschwendung. Ich würde mir gute Musiker halten, aber wenig, doch dürften sie nie bei Tische spielen, denn die Musik ist Erholung, und beim Essen würde sie mich stören. Ich würde allein und öffentlich zu Mittag speisen, aber abends würde ich meine Freunde um mich sehen und sie gut bewirten.“

Der königliche Vater (1737)
Ölgemälde von Knobelsdorff

Hier finden wir bereits sein Rheinsberger Programm, das er dann auch nach Sanssouci hinübernahm. Damit zusammen hängt auch der Wunsch, seinen Freund Freiherr Dietrich von Keyserlingk, der bereits vor der Flucht sein Stallmeister gewesen war, nach Küstrin zu holen, was ihm aber nicht gestattet wurde. Von dessen Anwesenheit versprach er sich geistvolle Unterhaltung mit einem Gleichgesinnten. Wenn dieser Wunsch auch abgelehnt wurde, so zeigt doch die Tatsache, daß er ernsthaft mit Zustimmung gerechnet hatte, von seiner bereits etwas gefestigten Stellung. Auch die Mutter billigt den Plan des Königs, ihn mit Elisabeth Christine zu verheiraten.

Doch ihm kommen immer wieder Bedenken. Dem König schreibt er, daß er sich in allem unterwerfe, aber Grumbkow läßt er bitten, sich doch dafür einzusetzen, daß man von dem Plan der Heirat mit der Prinzessin von Braunschweig ablasse. Er habe über die Eisenacherin sehr viel Besseres gehört.

Nun aber wird Grumbkow böse. Man könne von ihm nicht verlangen, daß er alle Wankelmütigkeiten des Kronprinzen beim König vertrete, er wolle doch nicht kaltblütig gerädert werden, und nachher würde man ihm noch den Kopf abschneiden: „Ich bin nicht geschaffen, auf zwei Pferden zu reiten." Nunmehr wendet sich Grumbkow von Friedrich ab, zumal dieser an ihn geschrieben hat, er wolle sich umbringen: „Ich habe genug gebüßt für mein aufgebauschtes Vergehen und gebe mich nicht dazu her, meinen Kummer zu verewigen. Mir bleibt noch ein Ausweg: Ein Pistolenschuß kann mich von meinem Kummer und meinem Leben befreien" (am 19. Februar 1732).

Briefe zwischen Grumbkow und Wolden gehen hin und her, und beide haben genug von den zwielichtigen Manövern des Kronprinzen, da sie fürchten, sie würden zerrieben werden, wenn der König von dem Doppelspiel etwas erführe. Friedrich sei drauf und dran, die günstige Entwicklung aufs Spiel zu setzen. Der Grund dafür wird wohl in der Einsamkeit zu suchen sein, in der er gezwungen war, seine Eheplanung vorzubereiten. Aber er hatte schon keine Chance mehr, darauf

Einfluß zu nehmen, wollte es aber noch nicht erkennen. Er sollte einer ehelichen Verbindung zustimmen, obwohl er seine Braut noch gar nicht gesehen hatte.

Dabei war in jeder Beziehung ein Reifeprozeß vor sich gegangen. Davon zeugt der Bericht des Generalmajors Graf Adolf Friedrich von der Schulenburg, Chef des Dragonerregiments in Landsberg an der Warthe, über einen Besuch Friedrichs im Oktober 1731. Er kam von der erwähnten kleinen Jagd und hatte zwischen Carzig und Himmelstädt ein paar Wildschweine erlegt, die in Gärten eingebrochen waren:

„...von da kam er zu Mittag her. Um 1 Uhr gingen wir zu Tisch und blieben bis 4 Uhr sitzen. Er sprach von gleichgültigen Dingen. Er ißt nicht viel, aber ich bemerke, daß ihm die kleinen Gerichte und die stark schmeckenden Speisen zusagen. Fisch mag er gar nicht; obschon ich die schönsten Forellen hatte, aß er sie nicht. Fleischbrühe rührt er nicht an; anscheinend liebt er den Wein nicht. Er kostet alle Weine, zieht aber für gewöhnlich Burgunder mit Wasser gemischt vor.

Ich stellte ihm die hiesigen Offiziere meines Regiments vor; er empfing sie als König. Sicherlich fühlt er, was er ist, und wird er jemals König, so wird er es zur Geltung bringen. Ich für mein Teil werde mich sehr zurückhalten und ihn möglichst wenig sehen. Ich merke wohl, daß er Ratschläge nicht liebt. Er gefällt sich nur im Umgang mit solchen, die geistig unter ihm stehen. Er sucht sogleich die lächerlichen Seiten bei jedem hervor und spottet gern – ein großer Fehler bei einem Fürsten. Er müßte die Schwäche der Menschen kennen, ohne es aber irgend vor der Welt merken zu lassen. Ich spreche zu Eurer Exzellenz als Freund und versichere Ihnen, er besitzt Geist, wird sich aber von seinen Leidenschaften beherrschen lassen und nur solche gerne sehen, die ihnen Vorschub leisten. Nach meiner Ansicht sind alle Fürsten nach dem gleichen Modell geschaffen, es gibt nur ein Mehr oder Weniger."

Das Selbstbewußtsein des Kronprinzen, das dem General nicht so recht gefällt, ist aber nicht nur durch Überlegungen, wie man die Brüche entwässern soll, den Handel durch Senkung der Binnensteuer beleben kann und den Besitz von Westpreußen und Pommern erringen muß, gewachsen, sondern auch durch eine starke Liebesempfindung. Auf der Strecke von Küstrin nach Landsberg liegt das Schloß Tamsel. Hier hat er seine Aufwartung beim Oberst Adolf Friedrich von Wreech gemacht und wurde von ihm und seiner jungen, dreiundzwanzigjährigen Frau Luise Eleonore gastfreundlich empfangen. Sie muß eine gutaussehende Dame mit Charme, wenn nicht eine Schönheit gewesen sein, denn der Neunzehnjährige entflammte zu ihr, der wenig älteren, doch erfahrenen Frau, in heißer Liebe.

Nun schickt er ihr französische Verse, schreibt schnell und leidenschaftlich, betet sie an, besucht sie mit Genehmigung des Ehegatten wieder und wieder und darf sie bald Cousine nennen. Nur eine Tändelei, ein willkommener Flirt, der ihn die ewige Männergesellschaft vergessen läßt? „Seitdem ich Sie gesehen, treibt es mich hin und her…“ Natzmer arrangiert die Zusammentreffen, von denen wir nicht wissen, wie weit sie gegangen sind. Doch als die Baronin im Frühsommer 1732 niederkommt, nimmt nicht nur der König an, daß der Junge von Friedrich stammt. Auch in dieser Hinsicht ist Friedrich Wilhelm beruhigt, die Nachkommenschaft ist wohl gesichert.

Nun müßte, nach etwa zwei Jahren, das Exil in Küstrin zu Ende gehen. Der König litt unter seiner Stoffwechselkrankheit und mochte bedacht haben, daß es an der Zeit sei, sich zu entschließen, die Weichen für die weitere Zukunft des Hauses Hohenzollern zu stellen. Dazu gehörte in erster Linie, den Kronprinzen in die Staatsgeschäfte einzuführen und ihn zu verheiraten, damit die Erbfolge gesichert würde. Und obwohl hinter seinem Rücken die Diskussionen in und über Küstrin noch lebhaft geführt wurden, hatte sich alles bereits geändert. Am 26. Februar 1732 um 6 Uhr abends hatte Friedrich in Berlin zu erscheinen, Braut und Schwiegereltern waren eingetroffen. Nun ging die Prüfung auf andere Art weiter.

Es gibt kein Entrinnen

In einer letzten Auflehnung gibt Friedrich seine Absicht zu erkennen, wie eine ihm aufgenötigte Ehefrau behandelt werden wird: „Was die Prinzessin von Bevern anbelangt, so kann man darauf rechnen, daß sie, wenn man mich zwingt, sie zur Gemahlin zu nehmen, verstoßen werden wird, sobald ich der Herr bin. Niemand wird mir diese Handlungsweise verübeln können, weil ich gegen meinen Willen gezwungen worden bin."

Diesen Zwang gibt ihm der König zu erkennen, als dem Kronprinzen bereits am 4. Februar um Mitternacht ein Brief durch Eilboten übergeben wird. Er teilt in schönen Worten mit, was einem Befehl gleich kommt: Der König hat den Bitten seiner Generäle entsprochen, Friedrich ein Regiment, stationiert in Nauen und Ruppin, zu geben und im April wird er als Oberst eingestellt. Bedingung ist die Verlobung mit der Prinzessin von Bevern. Die Anweisung, entsprechende Bauten und Umbauten zu beginnen, ist erteilt. Die Braut wird ihm in allen Ehren vorgestellt werden, sie ist „nicht häßlich, auch nicht schön, ein gottesfürchtiger Mensch, und dieses ist alles ..."

Doch am Hof der Königin spricht man anders darüber. Anscheinend hat die Mutter erfahren, wie Friedrich wirklich denkt: „Ich wollte mich immer mit dem Degen hervortun, und nur ihm allein des Königs Gnade verdanken, nun soll ich sie in einer Bettschlacht erringen. Ich bedaure diese arme Person, denn dadurch wird es eine unglückliche Prinzessin mehr in der Welt geben."

In diesem Sinne sagt die Mutter beim Essen laut vor allen zu Wilhelmine: „Dein Bruder ist verzweifelt, daß er sie heiraten muß, ich kann ihm nicht unrecht geben. Sie ist eine ganz dumme Person, auf alles, was man zu ihr spricht, antwortet sie mit einem Ja oder einem Nein und hat dabei ein albernes

Lachen, daß einem schlecht im Magen wird." Und die vorlaute sechzehnjährige Prinzessin Phillipine Charlotte ergänzte, daß sie stinke wie ein Aas, Fisteln habe, verwachsen sei, die Schnürbrust an einer Seite ausgestopft habe; die eine Hüfte sei höher als die andere. Schließlich sei sie bei der Morgentoilette dabei gewesen, daher wisse sie es genau.

Es blieben wenige Tage, um die Familie Braunschweig-Bevern kennenzulernen. Bald hatte er die Verhältnisse durchschaut und beurteilt sie in einem Brief an Wilhelmine recht sachlich. Nun kann er auch die Zurückhaltung ihr gegenüber, auf die ihn Grumbkow verpflichtet hatte, aufgeben: „Liebste Schwester! Jetzt, wo ich Dir offen schreiben kann, muß ich Dir alles auseinandersetzen, was sich während meiner Anwesenheit bei Hofe zugetragen hat... Die Herzogin (die Brautmutter Antoinette Amalie) – das kann ich Dir sagen – hat die ganze Heirat gemacht und die Dinge so weit getrieben, daß ich nicht mehr zurück konnte, wollte ich mich nicht noch unglücklicher machen. Sie hat Ränke gesponnen und ist wie der Teufel hinterher gewesen, damit die Sache zustande kam, aber stets so, als wüßte sie von nichts. Doch ich erfuhr Einzelheiten darüber von dem guten Karl (dem Brautvater), der stets ehrlich ist. Ihn, den Herzog trifft keine Schuld. Er ist ziemlich unbeteiligt daran gewesen und hat stets ehrlich und gerade gehandelt.

Die Prinzessin hat ein ganz hübsches Gesicht, aber tiefliegende Augen und einen sehr häßlichen Mund. Sie hat einen bäurischen Gang und einen Blick von unten herauf wie die kleine Marschall (die Tochter des Ministers), ein unangenehmes Lachen, einen Gang wie eine Ente, schlechte Zähne, ist sehr schlecht angezogen, ängstlich in der Unterhaltung und fast stets stumm. Davon abgesehen hat sie einen schönen Teint, einen schönen Busen, eine schöne Figur in Deiner Größe, hübsche Hände, blondes Haar, ein gutes Herz. Sie ist nicht launenhaft, sondern höflich, aber stets zuviel oder zuwenig, recht bescheiden, sehr schlecht erzogen und ohne die geringste Lebensart. Nach diesem Bild, liebste Schwester, kannst Du Dir sagen, daß sie mir gar nicht gefällt, und daß ich über diese Heirat sehr wütend bin. Man kann voraussehen, daß es eine sehr schlechte Ehe geben wird."

Trotzdem: Die Verlobung findet, wie der König und die Herzogin es geplant haben, am 10. März 1732 statt. Der Kronprinz soll sich gleich danach anderen weiblichen Gästen gewidmet und seine Braut nicht mehr angesehen haben. Am letzten Märztag fahren die Braut und ihre Eltern wieder nach Hause. Friedrich tritt am 4. April seinen Dienst in Ruppin an. Die Küstriner Zeit liegt hinter ihm, doch sind bei weitem nicht alle Probleme gelöst. Der Vater überwacht ihn auch weiterhin.

Regimentskommandeur in Ruppin

Hinter den Wallanlagen von Neuruppin lag im 18. Jahrhundert der Hof des Kommandeurpalais vom Regiment Kronprinz. Zwei Häuser, die des Obristen von Wreech und des Obristleutnants von Möllendorff, waren ungewöhnlich schnell für damalige Zeiten umgebaut und vereinigt worden, um den Kronprinzen aufnehmen zu können. Das so entstandene neue Palais soll äußerlich unscheinbar und innen erlesen und geschmackvoll eingerichtet gewesen sein.

Friedrich war durch seine Verlobung Chef des ehemaligen Regiments von der Goltz geworden, das in Kyritz, Lenzen, Perleberg, Pritzwalk, Nauen und Wittstock gelegen hatte und nunmehr in Nauen und Ruppin zusammengezogen wurde. Die bisher in Ruppin stationierten Einheiten des Prinz Wilhelmschen Regiments mußten am 1. Juni die Stadt verlassen, Ende des Monats erwartete man das 1. Bataillon des Regiments Kronprinz.

Im Jahr 1688, nach dem Regierungsantritt des Großvaters, hatte der Oberst und spätere Oberhof- und Feldmarschall Carl Philipp Freiherr von Wylich das Regiment in Wesel aufgestellt, das zu einem Drittel aus Refugies aus Frankreich bestand. Bereits ein Jahr später, im Krieg der „Großen Allianz", waren die fünf Kompanien des 1. Bataillons an den Rhein verlegt worden. Sie gingen im Pfälzischen Erbfolgekrieg gegen die Franzosen 1691 unter Derfflinger nach Flandern, standen danach in Brabant und kämpften bei Gent, Ath und Namur. Das 2. Bataillon schlug sich in diesen beiden Jahren unter Generalleutnant von Barfuß tapfer und erfolgreich bei Slankamen, Peterwardein und Zenta in Ungarn gegen die Türken. Das Regiment stand weiterhin im Spanischen Erbfolgekrieg und entschied 1708 bei Oudenarde den Sieg der Alliierten unter Marlborough und Prinz Eugen und bewährte sich auch in der Schlacht bei Malplaque im Jahr 1709. Der Kronprinz übernahm also ein altes, kampferprobtes Regiment und widmete sich ihm mit Eifer: „Ich komme vom Exerzieren, ich exerziere, ich werde exerzieren." Die Obristen von Camas und von Senning waren seine militärischen Lehrer.

Dazu kam die Hoffnung, das militärische Handwerk direkt beim berühmtesten Feldherrn seiner Zeit, dem österreichischen Prinzen Eugen, zu vervollkommnen. Der Vater erlaubte eine erste Reise nach der Aufhebung der Verbannung in das Feldlager bei Philippsburg. Im Sommer 1734 nahm er als „Volontär" an der Rheinkampagne teil, die jedoch nur wenig einem Feldzug, vielmehr einem Stellungskrieg glich. Prinz Eugen war sehr alt geworden und wollte seinen Ruhm nicht durch eine eventuell verlorene Schlacht beflecken. So konnte Friedrich nur wenig von ihm lernen, trotzdem ritt er an seiner Seite bei Inspektionen und traf sich auch sonst bei offiziellen Anlässen mit ihm.

Friedrich Wilhelm hatte in bekannter Weise jede nur denkbare Situation vorausgesehen und alles geregelt, von der Zahl der Schüsseln bei den Mahlzeiten, abgestuft nach der Bedeutung der Gäste, bis hin zum Umgang mit seinen Altersgenossen. Da im Lager nichts weiter geschah, kümmerte Friedrich sich um jede Kleinigkeiten seiner Soldaten, vom Schuhwerk des Musketiers „bis zur hundertpfündigen Kanone hinauf." So mußte er lernen, daß nicht immer die Generalität Kriege entscheidet, sondern, wie in diesem Fall, die Diplomatie. Vom Alten Dessauer erhielt er Unterricht in sechzehn Lektionen von der Belagerung bis zum Entsatz von Festungen. Aber auch sonst hielt er Augen und Ohren offen. Im Feldlager von Philippsburg hatte er beobachtet, wie lasch die kaiserlichen Truppen und fremden Söldnerhaufen sich verhielten und wohl begriffen, daß die Überlegenheit einer Armee in der Disziplin bestand, in Ordnung und Genauigkeit auf dem Exerzierplatz, wie sein Vater unerbittlich verlangte. Und Prinz Eugen bestätigte ihm die bereits in den Türkenkriegen geäußerte Feststellung, daß die preußische Infanterie die beste Europas sei.

Die Kriegsreise an den Rhein war an die Stelle der Flitterwochen getreten. Alles ging mit der Hochzeit schief, sie wurde in weit höherem Maß als gedacht zu einem Politikum ersten Ranges. Es begann mit einem Besuch des österreichischen Gesandten Seckendorff in Ruppin. Im Herbst drängte es ihn, die neue Wirkungsstätte des Kronprinzen in Augenschein zu nehmen. Oder wollte er ihn an die Leistungen erinnern, die mit dem vorgeschossenen Geld verbunden waren? Friedrich blieb ganz ruhig, wortkarg und ging auf politische Fragen gar nicht ein. In puncto Hochzeit hatte er aufgegeben zu kämpfen. Doch die Politik wollte alles noch einmal aufrollen. Unter dem Einfluß Prinz Eugens suchte man immer noch nach einer Möglichkeit, eine Achse Wien-Berlin zu etablieren. Preußen, in der Mitte Europas, war ein erstrangiger Machtfaktor. Deshalb lohnte der Versuch, die Karten der Eheverbindungen noch einmal neu zu mischen. Wilhelmine war leider schon verheiratet, so solle doch ihre jüngere Schwester Charlotte den Prinzen Friedrich Ludwig von Wales heiraten, und der Prinz von Bevern, der durch die neue Konstellation frei wurde, die Prinzessin Anna von England bekommen. Friedrich solle dann die bereits im Spiel befindliche Amalie aus dem englischen Königshaus ehelichen, und Elisabeth Christine von Bevern müsse eben anderweitig unter die Haube kommen. Sinn und Zweck dieser Tauschkomödie war es zu versuchen, den Kaiserhof in Wien mit den Seemächten zu verbünden. Des Königs, der bekanntermaßen mit dem Kaiser gut zurecht kam, war man sich sicher. Doch gerade das war der diplomatische Fehler, selbst der geldgierige Grumbkow lehnte ein Gut von 40000 Talern ab und weigerte sich mitzumachen. Und auch des Königs Sinn gegenüber dem Kaiser hatte sich verändert, weil er bei einem Besuch in Prag als nützlicher politischer Partner weit unter Wert behandelt wurde. Viel Protokoll, wenig Substanz.

Als er von Seckendorff die Pläne erfuhr, tobte er tagelang und vermutete die Königin und Friedrich als Drahtzieher im

Hintergrund. Er lehnte zunächst ab, doch der Wiener Hof gab nicht nach. August der Starke, König von Polen, war gestorben, und der französische Kandidat Stanislaw Leszynski mußte als sein Nachfolger verhindert werden, dazu brauchte Österreich die englische Unterstützung. Friedrich und Amalie, Charlotte und der Prinz von Bevern, und letzteres Paar am besten gleich morgen, statt der Hochzeit Friedrichs, dann waren die Vorbereitungen wenigstens nicht umsonst gewesen. Mit diesem Vorschlag kam am Vorabend Seckendorff im Eiltempo nach Schloß Salzdahlum bei Wolfenbüttel ins Hochzeitshaus. Der König blieb zwar ruhig, aber er wies auch diese Variante des Plans zurück, man wolle ihn nur als wankelmütigen Fürsten hinstellen, der zu manipulieren sei. Die Hochzeitsfeierlichkeiten nahmen, wie vom König angeordnet, ihren Lauf. Am Vorabend gab es ein Schäferspiel, Friedrich spielte einen verliebten Bauern und erhielt standesgemäß doch noch von Apoll den Lorbeerkranz überreicht.

Bereits um Mitternacht des Hochzeitstages schreibt Friedrich an Wilhelmine einen Gruß: „Liebste Schwester! Soeben ist die ganze Zeremonie vorüber. Gott sei gelobt, daß sie überstanden ist! Ich hoffe, Du wirst es als Freundschaftsbeweis ansehen, daß ich Dir die erste Nachricht davon gebe. Hoffentlich sehe ich Dich bald wieder und kann Dir versichern, daß ich ganz der Deine bin. Ich schreibe in aller Eile und ohne alle Höflichkeitsfloskeln. Adieu. Frederic."

Der König, der Friedrichs Abneigung gegen die Braut kannte, soll ihn persönlich ins Brautzimmer geführt haben, nach einer Stunde sei er bereits wieder daraus geflohen, wurde hinter vorgehaltener Hand erzählt. Ob er das mit der „Zeremonie" gemeint hat? Der Einzug in Berlin geriet jedenfalls prächtig. Das junge Ehepaar nahm vor dem Köpenicker Tor eine Truppenmusterung vor. Vier Kavallerie-, elf Infanterieregimenter und ein Husarenkorps waren feierlich angetreten und paradierten an ihnen vorbei. Dann fuhren die Wagen, alle mit sechs Pferden bespannt, zum Schloß. Dort bezog die Kronprinzessin die sogenannte „Elisabeth-Wohnung". In Neuruppin hat sie nie residiert, dorthin kehrte nach einigen Tagen der Kronprinz allein zurück.

Sein lebhafter Geist hing sicher nicht am ewigen Exerzieren, doch er lehnte das Soldatenhandwerk auch nicht ab, da er wußte, seine Treue zum König und zum Staat wurden an der Einstellung zum Militär gemessen. Die Armee war das stabile Instrument des Landes, nicht nur der Sicherheitsfaktor, sondern auch das ökonomische Zentrum aller Überlegungen, denn die Wirtschaft spielte in Preußen nur eine geringe Rolle. Das Land versorgte sich selbst, und die Armee war die einzige berechenbare Wirtschaftsgröße. Es gab eine regelrechte Militärindustrie, die alle möglichen Ausrüstungsteile auch ins Ausland lieferte und selbst wenige Einfuhren benötigte. In dieser Beziehung ging es in erster Linie immer um Fachleute, Kanonengießer und Ballistiker. Sie kamen in aller Regel aus Holland, Belgien und Frankreich. Die Generalität, früher aus Holland und Schweden angeworben, wurde nun zu großen Teilen schon aus dem eigenen Adel rekrutiert, wobei auch in einzelnen Fällen Leute aus dem bürgerlichen Stand wegen ihres Könnens herangezogen wurden. Wenn sie sich verdient gemacht hatten, wurden sie meist in den erblichen Adelsstand erhoben.

Als Friedrich noch im Lager Philippsburg freiere Tage hatte, kam auch sein Vater, um die Truppen zu inspizieren und sich nach dem Verhalten seines Sohnes zu erkundigen. Aber er wurde nach wenigen Tagen auf das Krankenlager geworfen, ließ sich weiter nach Wesel fahren, und die Ärzte machten eine besorgte Miene. Alle rechneten schon mit dem Schlimmsten. Der Sohn wurde zurückgerufen und eilte nach Potsdam. Aus dem Briefwechsel mit Wilhelmine geht hervor, daß er ernsthaft mit dem Ableben seines Vaters rechnete. Koliken, offene Beine, Aderlässe – der ganze Körper des Königs rebellierte. Sein Leib war von der Wassersucht mächtig angeschwollen, er konnte weder sitzen noch liegen und fürchtete, erstikken zu müssen. Vom Fürsten Leopold von Dessau verabschiedete er sich in einem Brief: „Ich bin bereit die Welt zu quittieren... Ein Schiff fährt geschwinder, ein anderes langsamer; sie kommen doch nach einem Hafen. Es mag also mit mir gehen, wie es der Höchste mit mir beschlossen hat."

Doch kaum hatte er sich wieder etwas erholt, erschien er im Januar 1735 auf dem Karneval in Berlin und traf dort mit Friedrich zusammen, der inzwischen einen besonderen Auftrag erhalten hatte. Er solle sich darauf einrichten, in Preußen Inspektionen zu unternehmen: Die Domänen, das Schulwesen und die Steuereinnahmen. Er erfüllte vier Wochen lang seine Aufgabe und fertigte sachliche Berichte an. Aus ihnen geht hervor, daß er zwar Fortschritte sah, die Folgen der verheerenden Pest Anfang des Jahrhunderts zu überwinden, wobei die Salzburger Protestanten, von der Gegenreformation verfolgt und eingewandert nach Preußen, einen entscheidenden Anteil bestreiten mußten (siehe auch Brief an Voltaire im Anhang).

Er faßt in einem Brief an Grumbkow die Lage in Preußen schonungslos zusammen: „Ich habe das Gute dort gesehen, aber auch das Elend in seiner ganzen Nacktheit. Wenn der König sich nicht dazu versteht, gegen Neujahr die Vorratskammern zu öffnen, können Sie darauf rechnen, daß die Hälfte des Volkes an Hunger stirbt, so schlecht sind die Ernten in den letzten Jahren gewesen. In meinen ersten Briefen an den König gab ich nur eine oberflächliche Beschreibung, aber nach dem Abschluß meiner eingehenden Untersuchungen habe ich ihm meine Meinung ganz frei heraus und natürlich geschrieben, so wie ich vor Gottes Antlitz sprechen würde." Der König reagierte in seinem Sinn und erteilte die notwendigen Anweisungen.

Das Regiment entwickelte sich unter seinem Kommando erfolgreich, und der Vater sparte bei den jährlichen Musterungen nicht mit Lob. Im Jahr 1735 bestand es in einer demonstrativen Umarmung durch den gestrengen König vor der

Front und der Beförderung zum Generalmajor. Ein Jahr später, im Herbst 1736, gab er dann die direkte Führung des Regiments ab, behielt aber das Kommando im Blick. Am Tag nach seiner Thronbesteigung, am 1. Juni 1740, ernannte er das Regiment zur Garde, und das 1. Bataillon kurz danach zur Leibgarde, also zum Begleitkommando, Leibwache und Lehrtruppe bei der Anwendungen neuer Taktiken und Ausbildungsmethoden. Unteroffiziere, Feldwebel und Fähnriche der Garde waren höher gestellt, die Offiziere gegenüber der Armee sogar um zwei Rangstufen, und sie wurden mit einem weißen Federbesatz an ihren Hüten ausgezeichnet.

Das militärische Leben in Ruppin hinderte Friedrich nicht daran, seine Wohnung nach seinem Geschmack auszubauen. Dabei hatte er mit den Freund und Begleiter Georg Wenzeslaus von Knobelsdorff einen Partner von Rang. Der Wall wurde mit Eichen, Buchen und Rüstern bepflanzt, der Garten am Wall, von Knobelsdorff „Amalthes" genannt, war von einem Monopteros bestimmt, dessen flach gewölbte Kuppel von acht Säulen, ursprünglich in dorischer Ordnung geplant, getragen und von einer Apollostatue gekrönt wurde. Dieser Tempel sollte seiner Schwester gewidmet werden: „Sobald er fertig ist, werden wir Opfer darbringen, natürlich Dir, liebste Schwester, als Beschützerin der schönen Künste." Doch die Schwester war weit im langweiligen Bayreuth, sie konnte nicht dabei sein, wenn der Champagner in den Gläsern perlte und die Flöte eine beschwingte Melodie anstimmte. Der Garten, in dem sich die Freunde trafen, mit Kirschbäumen, Melonen, Weinreben und fremdländischen Gewächsen bepflanzt, der Duft von Levkojen unterstrich die Stimmung dieser Insel des Geistes. Im 19. Jahrhundert wurde die Anlage vollkommen durch orientalisierende Bauten umgestaltet. Doch denken wir uns die Veränderungen der späteren Zeit fort, erkennen wir noch das Frühwerk Knobelsdorffs.

Um das gesellige Leben der jungen Offiziere in Ruppin ranken sich die verschiedensten Legenden. Der Kronprinz habe

Prinzengarten in Neuruppin

Doris Ritter, seine erste Jugendliebe, aus dem Spinnhaus geholt, in das Friedrich Wilhelm sie gesteckt hatte, als Friedrich flüchten wollte. Auch von der Försterstochter Sabine, die mit einem Kahn über den Kalksee zu ihm ruderte, berichtet man. Sie sei die spätere Frau des Försters von Binenwalde geworden. Etwas glaubwürdiger wird von einem Schabernack erzählt, der allerdings schon in Rheinsberg stattgefunden haben soll: Ein Pastor geißelt von der Kanzel das lockere Leben der jungen Hofgesellschaft, und als Friedrich davon erfährt, geht er mit den Offizieren nachts vor das Haus. Sie werfen dem frömmelnden Mann die Scheiben ein, jagen ihn mitsamt seiner Frau aus den Betten und aus dem Haus in eine Mistpfütze. Diese Geschichte erzählte er als König immer noch, und die Anwesenden hatten darüber zu lachen. Allerdings wird er wohl verschwiegen haben, daß die Frau des Pastors schwanger war.

Die Geschichten in und um Ruppin berichten natürlich von vielen Affären mit drallen Bauernmädchen und grazilen Gräfinnen, aber mit dieser Betrachtung kommt man dem Wesen des Kronprinzen nicht näher. Der Weiblichkeit gegenüber hat er seine eher abwehrenden Grundsätze, die er in einem Brief an Grumbkow offen darlegt. Er habe durchaus nichts gegen das weibliche Geschlecht, aber wenn er genossen habe, langweile es ihn und er verachte es dann. Das mag überlegen klingen, aber viel Erfahrung hatte er in dieser Hinsicht sicher nicht. Außer mit Frau von Wreech ist von keiner anderen Verbindung jemals die Rede gewesen; wahrscheinlich war es ihm garnicht möglich. Davon mag auch das merkwürdige Billett, das er an eine Gräfin seiner Tafelrunde schreibt, dabei allerdings anonym bleibt, zeugen:

Noch bist Du voller Stolz und Sprödigkeit,
Doch folg' der Liebe Ruf, nimm wahr die Zeit,
Damit der Weihrauch nicht, den man Dir spendet,
Aus Liebesgram im Freudenhause endet.

Nur eine frivole Anzüglichkeit? Ein Faschingsscherz? Ein Spiel in lockerer Gesellschaft? Diese Haltung wurde einmal „erotischer Zynismus“ genannt. Über seine Ursachen ist viel gerätselt worden, aber es war natürlich bei einem Kronprinzen unmöglich und niemandem erlaubt, sich darüber auch nur zu äußern, vielmehr wären alle Damen hoch beglückt gewesen, wenn er sie ausgezeichnet hätte. Das galt für Neuruppin, aber auch etwas später dann für Rheinsberg.

Bei Ausflügen mit seinem Freund und Begleiter Knobelsdorff in die nähere Umgebung stieß er auf das 20 Kilometer entfernte Schloß Rheinsberg, wo sie bei der hugenottischen Familie de Beville gern gesehene Gäste waren. In der freien Natur, das Haus wunderbar gelegen am Grienericksee inmitten von Buchen- und Eichenwäldern, fühlte er sich wohl, und hier mag sein Wunsch nach selbstbestimmtem Leben ein konkretes Bild gefunden haben. Hier wäre der Platz für seinen Musenhof. Als er das Schloß sah, hatte es den üblichen Charakter der „fest Häuser“, also von Schloßanlagen, die schützend vor Feindangriffen den Kriegswirren standhielten.

Schloß Rheinsberg
nach einem Kupferstich (1738)

Das Schloß

Die ursprüngliche Wasserburg stammte vermutlich aus dem 13. Jahrhundert, und als sie 1566 ausgebrannt war, hatte die Familie von Bredow sie wieder aufgebaut, eingeschossig, ohne viele Schmuckelemente, aber durchaus repräsentativ. Ein Turm war in die nach Süden austretende Giebelwand um ein Fünftel hineingebaut. Die Turmuhr bekam ein weithin hörbares Schlagwerk, und so erhielt der Turm den Namen Klingenberg. Die anderen Gebäude waren fast quadratisch um einen Innenhof herum angeordnet. Nach Westen, zum Grienericksee, blieb der Hof offen. Gegenüber lag das Torhaus mit Wallgraben und Zugbrücke, südwärts zum Rhin hin der geometrisch gestaltete Garten, der aber nicht in Verbindung mit der Architektur des Schlosses stand. Am Seeufer zog sich hier der sogenannte Baumgarten entlang. Am nördlichen Wallgraben stand das Brauhaus. Das Privileg des Bierbrauens war von den Klöstern auf den Adel übergegangen und bildete einen festen Einnahmeposten im Haushalt des Schlosses.

Im Frühjahr 1734 war das alte Lehen mit dem Haus am Grienericksee, dem Vorwerk, der Stadt Rheinsberg, den Dörfern Glienicke, Heinrichsdorf und Sonnenberg, den Erbzinsgütern Köpernitz, Moeckern, Schlaborn und Warenthin, dem Teerofen Bergholtz, zwei Wassermühlen, den umliegenden Forsten und 22 Seen aus den Händen der Hugenottenfamilie de Beville an die preußische Krone zurückgefallen. Die Ankaufkosten betrugen 75 000 Taler, davon übernahm der König zwei Drittel, den Rest einschließlich des Umbaus, der Modernisierung der Renaissanceanlage bezahlte die Hofhaltung des Kronprinzen. Mit diesem Schritt war vom König der endgültige Schlußstrich unter die Flucht und die Katte-Tragödie gezogen worden. Im November hatte Friedrich den geforderten Treu- und Gehorsamseid geleistet. Am Ende des Weges, nach über drei Jahren, bekam er jetzt seine Residenz. Während für den Umbau realistische Pläne durch den Baudirektor der Kurmärkischen Kammer, Johann Gottfried Kemmeter, ausgearbeitet und begonnen wurden, stand es um die Stadt nicht zum besten.

Die Stadt

Rheinsberg war damals ein kleines Städtchen von etwa 650 Einwohnern, mit einem heute nicht mehr erhaltenen mittelalterlichen Straßennetz und einer nach mehreren verheerenden Stadtbränden und wiederholten Kriegsverwüstungen willkürlich vorgenommenen Bebauung. Eine um einen Meter starke und neun Meter hohe Stadtmauer, umgeben von einem außerhalb liegenden nassen Graben, umfaßte ein Areal, das sich von Ost nach West über 200 Meter und von Nord nach Süd über etwa 400 Meter erstreckte. Ruppiner Tor und Granseer Tor bildeten die Zugänge. Den südwestlichen Eckpunkt bildete dann die Wasserburg. Trotz der schon teilweise im 17. Jahrhundert zerstörten Befestigung blieb Rheinsberg über die Jahrhunderte eine typische märkische Landstadt mit exponiertem Kirchplatz im Osten. Die allgemein üblichen stroh- oder schilfgedeckten Lehmfachwerkhäuser der Ackerbürger und Tagelöhner, des Schäfers, des Kuh- und Schweinehirten und der acht Handwerker säumten überwiegend mit ihren Giebeln die engen Gassen. Vereinzelt traf man auch schon Backsteinfachwerk an. Es war eine ausgezehrte Stadt, die schwer an ihrer Vergangenheit trug.

1527 hatten die kurfürstlichen Söldnerscharen in der Auseinandersetzung mit Achim von Bredow nach dessen Gefangennahme in der Stadt geplündert und gebrandschatzt und unbeschreibliche Greuel verübt. 1566 äscherte einer der Flächenbrände fast alle Häuser, die Kirche und die Burg ein. 1635 vernichteten wiederum Heerhaufen fast die ganze Stadt, und zweimal im gleichen Jahrzehnt (1631 und 1638) wütete die Pest. Dazu kamen Viehseuchen, was häufig den Hungertod bedeutete. Kaum hatten nach dem Dreißigjährigen Krieg die in das Land gerufenen Holländer, Schweizer und Bremer Einwanderer mit den wenigen Einheimischen die Stadt wieder aufgebaut, brachten die Schweden 1675 erneut Schrecken,

Furcht und Not. Die entmenschte Soldateska vernichtete abermals die Stadt.

Diese Ereignisse lagen nur ein halbes Jahrhundert zurück, als der König eine Order am 30. Juni 1734 zum Ausbau der Stadt erließ (siehe Anhang). Sie mag gleichzeitig für uns als ein Beweis seiner genauen Wirtschaftsführung dienen.

Nun konnte Baumeister Kemmeter mit seiner Arbeit beginnen. Er war mit seinem Vater, dem Zimmermeister Michael Kemmeter, aus Regensburg nach Berlin gekommen. Der fünfeckige Dachstuhl der Neuen Kirche am Gendarmenmarkt in Berlin stammt, neben anderen viel beachteten Holzkonstruktionen, von ihm. Sein Meister wiederum, Martin Heinrich Böhme, hatte unter Andreas Schlüter gearbeitet und nach dessen Weggang 1716 die Südseite des Berliner Stadtschlosses vollendet. Damit stand der Baudirektor in der Tradition des italienischen Barock, deren Vorbilder er auch südlich der Alpen, auf einer Reise im Jahr 1731, kennengelernt hatte, also kurz vor Beginn des Umbaus in Rheinsberg.

Hier begann er, nach einem kurzen Zwischenspiel bei der Urbarmachung des Königforstes zwischen Nauen und Fehrbellin, mit dem Abriß vom Torhaus und dem Verbindungsbau zum Klingenbergflügel, um danach auf den verbliebenen Fundamenten den doppelgeschossigen Hauptbau zu errichten. Er verlängerte ihn um etwa 25 Meter, die einzelnen Stockwerke waren jeweils fünf Meter hoch. Nach mancher Diskussion wurde dann auch die Südmauer des Torhauses in den Neubau mit einbezogen, erkennbar an der im Obergeschoß abweichenden Flucht. Durch die Erdarbeiten vergrößerte sich die Schloßinsel um einiges, da der nördliche Wallgraben verfüllt und an anderer Stelle wieder ausgehoben werden mußte.

Damals wie heute führt eine einfache Holzbrücke über den Graben zur Schloßeinfahrt. Doch in jener Zeit trug ihr Geländer auf zwischengeschalteten Postamenten hölzerne Götterfiguren als Laternenträger, die Friedrich Christian Glume geschnitzt hatte. Paarweise begrüßten Jupiter und Apoll, Mer-

„Mars nähert sich der Venus"
Deckengemälde im Audienzzimmer der Kronprinzessin (1740)
von Antoine Pesne

kur und Aurora, Mars und Venus sowie Saturn und Diana den ankommenden Gast. Im Mezzaningeschoß fallen vier allegorischen Skulpturen ins Auge, die die Wandelemente krönen: Die Rhetorik, die Musik, die Malerei und die Bildhauerei versinnbildlichen die Künste, die der Kronprinz hier vereinen wollte.

Vom Südflügel dagegen wurde weitgehend die alte Bausubstanz übernommen. Kemmeter stockte ihn ebenfalls auf und gliederte ihn mit 15 Fensterachsen in der Formensprache der Berliner Barocktradition. Zur Gartenseite hin schmückten Vasen von Glume das Portal. Die prachtvolle Kartusche zeigt die ineinander verschlungenen Buchstaben C und F für „Cronprintz Friedrich".

Knobelsdorffs Anteil an diesen Planungen dürfte noch nicht allzu sehr ins Gewicht gefallen sein, denn er hatte soeben erst den Apollotempel im Amaltheagarten (heute Tempelgarten genannt) von Ruppin geschaffen. Trotzdem hat er sicher bei seinen Besuchen Gedanken und Überlegungen zu Detailfragen eingebracht. Kemmeter war zwar ein alter Praktiker, aber den künstlerischen Ansprüchen Friedrichs wird er kaum entsprochen haben. Dieser trieb sich in seiner freien Zeit mit Knobelsdorff im Mörtelstaub auf den Bretterbrücken zwischen den Handwerkern herum, immer bedacht, Kemmeter zu erwischen, um ihm neue Wünsche anzutragen. Doch der Baumeister hatte strenge Auflagen vom König erhalten. Sparsamkeit hieß die alte und immer neue Devise. 80 Jahre später besuchte Karl Friedrich Schinkel das Schloß, das wiederum eine Baustelle geworden war. Bei dieser Gelegenheit äußerte er sich sehr kritisch über die Bauausführung während der Zeit des Kronprinzen. Sie sei mangelhaft und nachlässig ausgeführt worden. Knauserei und Zeitdruck werden die Ursachen dafür gewesen sein. Hatte Friedrich sich nicht immer über die langen Bauzeiten beklagt?

Dann war es endlich soweit. Am 6. August 1736 konnte er mit seiner jungen Frau das Obergeschoß des Klingenbergs beziehen. Vier glückliche Jahre lagen vor ihnen. Das Schloß blieb weiterhin eine Baustelle.

Ankunft eines Gastes

Ein lebendiges Bild, wenn auch voller galanter Komplimente und Schönfärbereien, erhalten wir von einem Zeitgenossen, der in den Kreis der Freunde aufgenommen wurde. Ein junger, gerade zwanzigjähriger Mann aus einer hamburgischen Kaufmannsfamilie, Jakob Friedrich Bielfeld, kam auf Einladung des Kronprinzen an den Hof. Sie waren sich 1738 in Braunschweig begegnet, als Friedrich in den Freimaurerbund aufgenommen wurde, Bielfeld assistierte dabei. Geschmack und Bildung mögen der Grund gewesen sein, den jungen Mann auch später mit Staatsaufgaben zu beauftragen. Im Herbst 1739 kam er im Schloß an, seine Beschreibung ist daher trotz ihrer Überschwenglichkeiten als authentisch anzusehen:

„Rheinsberg ist ein sehr freundliches Städtchen, obwohl in der unfruchtbarsten Sandgegend an der mecklenburgischen Grenze gelegen. Es zählt etwa 1000 Einwohner und gehörte früher einem französischen Edelmann, einem Refugie (Einwanderer). Der König hat es angekauft und hat es seinem Sohne, dem Kronprinzen geschenkt, nebst dem Schloß, den Gärten, den Wäldern und einigen zugehörigen Feldern. Das Schloß war sehr verfallen und die Gärten fast gar nicht vorhanden, als der Kronprinz dies Geschenk erhielt, das für ihn um so wertvoller ist, als sein Regiment in Ruppin steht, das nur zwei deutsche Meilen von hier entfernt ist, und die Garnisonen hierzulande nie wechseln. Auch die Lage des Schlosses ist sehr schön. Ein großer See bespült beinahe seine Grundmauern, und jenseits dieses Sees steigt ein sehr schöner Eichen- und Buchenwald amphitheatralisch auf.

Das alte Gebäude bildete nur einen Hauptbau mit dem Flügel, den ein alter Turm abschloß. Dies Gebäude und diese Lage genügten dem Kronprinzen, um seinen Geist und Geschmack zu entfalten, und dem Freiherrn von Knobelsdorff, dem Bauintendanten, um seine Begabung als Baumeister zu zeigen. Das

Blick vom Hauptparterre des Schlosses auf den Grienericksee

Hauptgebäude wurde ausgebessert und außen durch gewölbte Fenster, Statuen und sehr elegante Ornamente verschönert. Ein zweiter Flügel wurde angebaut, ähnlich wie der schon stehende, und an seinem Ende ein Turm als Gegenstück zu dem alten errichtet. Beide Türme wurden durch eine doppelte Säulenstellung verbunden, deren Plattform eine mit Vasen und Kindergruppen geschmückte Verbindungsgalerie darstellte. Durch diese Anordnung bildet das ganze Gebäude jetzt ein völliges Viereck.

Man betritt das Schloß auf einer mit Statuen geschmückten Brücke; die Statuen stellen die sieben Planeten dar und halten in ihrer Hand je eine Laterne in Kugelform. In den Innenhof gelangt man durch ein schönes Portal, über dem man ein großes Schild mit der folgenden Inschrift sieht, die Herr von Knobelsdorff hat einmeißeln lassen: Friderico tranquillitatem colenti (Friedrichs feierliche Stille). Das Innere dieses Schlosses ist noch hervorragender als das Äußere, sowohl durch seine Schönheit und die Anordnung der Zimmer wie durch den Geschmack und den Reichtum der Möbel. Wohin man auch blickt, überall sieht man nur Bildhauerei und Vergoldung, jedoch sind alle Ornamente geschmackvoll und mit Maß angebracht, und ihre Zeichnung ist herrlich. Da der Kronprinz nur zarte Farben liebt, sind mehrere Zimmer in Leingrau, Seladonblau und Fleischfarbe ausgestattet, die Einrahmungen und Ornamente in Silber. Das alles ist von reizender Mannigfaltigkeit und gibt dem Schloß ein ebenso heiteres wie galantes Aussehen.

Der schönste Raum ist noch nicht vollendet, aber man arbeitet eifrig daran. Es ist ein prächtiger Saal (der Konzertsaal), dessen Wandschmuck aus Marmorimitationen, Spiegeln und Bronze besteht. Der berühmte Pesne (Hofmaler in Berlin) malt gegenwärtig das Deckengemälde. Es stellt den Sonnenaufgang dar. Auf der einen Seite flieht die Nacht, in ihre Schleier gehüllt, von ihren unheimlichen Vögeln umgeben und von ihren Horen gefolgt, um der Morgenröte Platz zu machen, die die Mitte der Decke einnimmt und vom Morgenstern in Gestalt der Venus begleitet ist. Weiterhin sieht man die Schimmel vor Apollos Wagen und den Gott selbst, der die ersten Strahlen entsendet. Dieser Gegenstand scheint allegorisch zu sein und auf ein Zeitalter anzuspielen, das vielleicht nicht sehr fern ist. Von der Ausführung will ich schweigen. Die Kenner in Frankreich, selbst in Italien bewundern Pesnes Pinsel zu sehr, als daß er meines Lobes bedürfte.

Die Gärten von Rheinsberg, die sich längst des Sees hinziehen, sind noch nicht zur Vollendung gediehen, da sie erst vor wenigen Jahren begonnen sind. Der Plan ist großzügig und schön. Die Hauptallee endet mit einem Obelisken, der mit ägyptischen Hieroglyphen bedeckt ist. Es gibt da sehr reizvolle Boskette, Laubengänge und Lauben von schönen Verhältnissen. Der Kronprinz läßt daselbst nach Zeichnungen von Knobelsdorff eine prächtige Orangerie (an deren Stelle heute der „Salon“ steht) von ganz neuem Geschmack errichten. Auch wird der Boden vorbereitet, um dort im nächsten Jahr ein Labyrinth anzulegen, das zu einem in der Mitte stehenden Bacchustempel führen soll. Zwölf Satyren von riesigen Verhältnissen sollen die Säulen dieses Tempels bilden und eine umgestülpte Schale oder Punschbowle tragen, die die Kuppel bilden wird. Alle Alleen sollen mit Efeu, Weinreben, Weinspalieren, Eiben und Zypressen bepflanzt werden. Zwei schöne Barken, die der Kronprinz bauen läßt, stehen zur Verfügung für diejenigen, die Wasserfahrten unternehmen oder nach dem Walde sich begeben wollen, der Bubero heißt.

Wir kamen im Oktober um 10 Uhr vormittags in Rheinsberg an und stiegen bei der Post ab, aber der Kronprinz ließ uns nicht lange dort. Er ließ unser Gepäck holen und wies uns zwei schöne Zimmer im Schlosse an. Sobald wir uns umgekleidet hatten, wurden wir in einen ganz mit gelbem Marmor getäfelten Billardsaal geführt, dessen zwei Kamine ebenso wie die übrigen Ornamente aus Bronze sind. Dieser Saal liegt im Erdgeschoß und hat die Aussicht einerseits auf die große

Allee des Gartens, andererseits auf den Hof. Dort fanden wir die Mehrzahl der Kavaliere und Offiziere, die den Hofstaat des Kronprinzen bilden. Sie empfingen uns sehr höflich.“

Der Schloßherr – die Schloßherrin

Unser Zeitgenosse hat uns über die Lage des Anwesens unterrichtet, wichtiger aber sind uns noch seine Eindrücke über das Kronprinzenpaar. Friedrich kannte er bereits, wenn auch in einer anderen Situation, im Kreis der Freimaurer, die ihn als Bruder aufnahmen. Elisabeth Christine aber war ihm noch unbekannt. Sie selbst hat ihr Leben in Rheinsberg beschrieben. Nachdem sie seit ihrer Hochzeit im Berliner Schloß gelebt hatte und dort auf Anweisung ihres Schwiegervaters spezielle Unterweisungen im Fach königliches Benehmen durch einen Tanzmeister erhalten hatte, kam sie nun in die lockere Atmosphäre des Musenhofes am Grienericksee. Ihre Eindrücke müssen sie verändert haben. Ganz im Gegensatz zu den abfälligen Bemerkungen am brandenburgischen Hofe über sie, besonders durch die Familie einschließlich ihres Bräutigams, beurteilt sie selbst ihr Leben in einem Brief vom 3. Oktober 1736, zwei Monate nach ihrem Einzug, den sie an ihre Großmutter richtete, folgendermaßen:

„Will man Kunst, wahre und richtige Philosophie und Geist finden, so muß man sicherlich hierher kommen. Man findet sie in höchster Vollendung; denn unser Herr und Gebieter steht an der Spitze. Ich habe ihn noch nie so fleißig gesehen wie jetzt. Von sechs Uhr morgens bis ein Uhr beschäftigt er sich mit Lektüre, Philosophie und allen schönen Dingen. Von halb zwei bis drei Uhr ist Mittagstafel, danach trinken wir bis vier gemeinsam Kaffee; dann setzt er sich bis sieben Uhr wieder an die Arbeit. Hierauf beginnt die Musik, sie dauert bis neun Uhr. Dann schreibt er und kommt zum Spiel. Die Abendtafel ist gewöhnlich um halb elf oder elf Uhr. So vergeht die Zeit sehr rasch mit mannigfacher Beschäftigung. Wahrlich, man kann sagen: er ist ein großer Fürst unserer Zeit, nicht nur als Fürst, sondern als Zeitgenosse. Er ist Gelehrter, besitzt Geist, soviel man haben kann.

Er ist gerecht, hilfsbereit, mag niemandem etwas Böses tun, ist großmütig, mäßig, liebt keine Ausschweifung, weder im Wein noch sonstwie. Er hat das Herz auf dem rechten Fleck. Kurz und gut, er ist ein Phönix in unserer Zeit, und ich bin selig, die Frau eines so großen Fürsten mit so vielen guten Eigenschaften zu sein. Wer ihn kennt, muß ihn lieben. Wäre ich auch nicht seine Frau, ich müßte ihn wegen seiner guten Eigenschaften und seiner großen Gnade lieben. Der liebe Gott, der alles gut macht, hat auch dies wohl getan, daß er so große Gaben einem Mann verliehen hat, der sie so gut zu gebrauchen weiß wie er.

Da ich hier geschildert habe, wie das Leben des Kronprinzen im einzelnen verläuft, will ich jetzt auch meine Lebensweise schildern: Um sieben Uhr stehe ich auf, nachdem ich gebetet und meine Andacht verrichtet habe. Dann lese ich noch in dem Buche von Reinbeck („Betrachtungen über die in der Augsburgischen Konfession enthaltenen und damit verknüpften göttlichen Wahrheiten“ von Johann Gustav Reinbeck, Probst und Konsistorialrat in Berlin) und schreibe. Danach lese ich ein gutes französisches Buch, und nachdem ich zu Mittag gespeist und Kaffee getrunken habe, arbeite ich und lasse mir bis sieben Uhr vorlesen. Hierauf spiele ich Schach, und dann geht es hinaus zum Spiel. Ich kann wohl sagen, die Zeit verstreicht blitzschnell, und man weiß nicht, wo sie bleibt. Stets bedaure ich es, wenn der Tag vorüber ist. Man ist lange wach und schläft wenig, denn ich komme vor zwei Uhr nie zu Bette und stehe um sieben auf. Dabei geht es mir ausgezeichnet. Soviel von dem Leben, das wir hier führen.“

Ist das nur Schwärmerei, Verliebtheit, Anbetung des fürstlichen Gatten und späteren Königs? Wir würden es uns zu einfach machen, so zu denken. Natürlich kommen negative Eindrücke in einem solchen Brief nicht vor, er könnte abgefangen werden und zu unangenehmen Verwicklungen führen. Doch eines wird aus den Berichten wohl klar, hier beschäftigt man sich nicht mit Tandaradei, Wildschweinschießen oder

Tabakrauchen, hier versucht man, die Probleme der Zeit zu ergründen. Diesen Eindruck hatte jedenfalls auch unser Zeitgenosse Bielfeld gewonnen, der über die Fähigkeiten verfügt, in der Beschreibung der täglichen Vorgänge auch die grundsätzlichen Unterschiede zum Leben an anderen Höfen zu erkennen:

„Alle, die im Schloß wohnen, genießen die völligste Freiheit für ihre Beschäftigungen oder Vergnügungen. Sie sehen den Kronprinzen und die Kronprinzessin nur bei Tafel, bei Spiel und Tanz, beim Konzert oder bei anderen Vergnügungen, an denen die Herrschaften teilnehmen. Die Zeit, die für denkende Wesen so kostbar und für nicht denkende so lang ist, vergeht hier nicht damit, daß man bis in den hellen Tag hinein schläft, frühstückt, seine Gläubiger beschwichtigt und fortschickt, ernste Unterredungen mit seinem Schneider oder einem anderen Verschönerungskünstler hat, lange Toilette zu machen und sich dann in ein Vorzimmer zu begeben, um sich dort die Beine in den Bauch zu stehen und während des übrigen Tages seichte Reden zu führen. Ein jeder denkt, liest, malt, zeichnet, spielt ein Instrument und vertreibt sich die Zeit oder beschäftigt sich in seiner Wohnung und kleidet sich zur Stunde der Mahlzeit gut, aber nicht prunkhaft, um.

Alle Arbeiten und Vergnügungen des Kronprinzen sind die eines geistvollen Mannes. Gegenwärtig beschäftigt er sich damit, die Hirngespinste Machiavellis zu widerlegen. Seine Unterhaltung bei Tafel ist reizend; er spricht viel und sehr gut. Über alles hat er ein Urteil, und seine Einbildungskraft bringt über alles neue und richtige Gedanken hervor. Sein Geist gleicht dem Feuer der Vestalinnen (in der altrömischen Religion hüteten sechs Priesterinnen das nie erlöschende Herdfeuer des Staates. Sie lebten in klösterlicher Gemeinschaft neben dem Tempel im Atrium Vestae auf dem Forum), das nie verlischt. Er duldet bescheidenen und höflichen Widerspruch, besitzt so die seltene Gabe, den Geist des anderen leuchten zu lassen, und versteht sehr gut, denen den Ball zuzuwerfen, die ihren Geist leuchten lassen sollen, indem er ihnen Gelegenheit gibt, eine feine Bemerkung anzubringen. Er scherzt oft und neckt bisweilen, aber ohne Schärfe und ohne sich an einer geistvollen Antwort zu stoßen. Antithese und Vergleich scheinen seine bevorzugten Redefiguren zu sein. Kurz, glauben Sie nicht, der Glanz des Kronprinzen blende mich; ich schwöre Ihnen, wäre er ein einfacher Bürger, ich ginge gern ein paar Meilen zu Fuß, um wenigstens einmal in der Woche den Genuß zu haben, an seinen köstlichen Soupers teilzunehmen.

Nichts ist hübscher, als die Bibliothek des Kronprinzen; sie befindet sich in einem der schon genannten Türme mit dem Blick auf See und Gärten. Eine nicht große, aber gewählte Sammlung der besten französischen Bücher steht in Glasschränken mit Schnitzwerk und sehr schönen Vergoldungen. Voltaires Bildnis nimmt einen Ehrenplatz ein. Das ist der Lieblingsautor des Kronprinzen, der überhaupt viel von den guten französischen Dichtern und Prosaschriftstellern hält. Sie begreifen, daß die Bücher nicht nach der Elle gekauft sind, um die Fächer der Bücherschränke genau auszufüllen und mehr als Ausstattung eines Arbeitszimmers als eines Kopfes zu dienen, sondern daß ihr Besitzer einen großen Teil des Tages darin verbringt, um angenehme und nützliche Studien zu treiben.“

Diese Bibliothek steht heute im Schloß Sanssouci. Man hört bei den Führungen, daß sie gefährdet sei, sowohl die Bücher als auch die feinen Hölzer der Regale, weil sich die klimatischen Einflüsse durch die Besucherströme sehr negativ auswirkten. Heute kann man meistens nur einen Blick durch den Türspalt werfen. Wir besitzen aber noch eine genaue Beschreibung des genannten Turmzimmers in einer Schrift des Leutnants Hennert, Baumeister des Prinzen Heinrich, einem Bruders des Königs Friedrich II. Von ihm stammt die erste authentische Darstellung von Rheinsberg:

„Eine vortreffliche Aussicht zeichnet dieses Gemach vor vielen anderen aus. Der Plafond desselben ist von Pesne gemalt und stellt die Ruhe beim Studieren vor. Ein Genius überreicht einer sitzenden und mit einem Peplos (das aus einem Rechtecktuch bestehende ärmellose Frauengewand der Griechen, auf den Schultern zusammengeheftet, in der Hüfte gegürtet) bekleideten Minerva ein Buch, worin die Namen Horaz und Voltaire geschrieben sind; in der anderen Hand hält er ein geflügeltes Stundenglas. Im Hintergrunde sieht man einen Genius mit dem Schwert des Mars sich entfernen, noch andere aber liegen gruppenweise um das Hauptbild und haben Beziehungen auf die Dichtkunst und Weltweisheit. Über den Schlußsteinen der Türen und Fenster sind, in vergoldeter und flach erhobener Bildhauerarbeit, die Attribute der Meß-, Bau-, Ton- und Kriegskunst angebracht."

Nun führt uns Bielfeld weiter durch den Tag:
„Nach der Hauptmahlzeit begeben sich alle Kavaliere in das Zimmer einer der Damen, die hier der Reihe nach, mit der Oberhofmeisterin beginnend, den Kaffee geben, selbst die fremden Damen nicht ausgenommen. Der ganze Hofstaat versammelt sich bei der, die an der Reihe ist. Da wird geplaudert, gescherzt, ein Spielchen oder ein Spaziergang arrangiert, und diese Stunde ist nicht die übelste am Tage. Das Kronprinzenpaar nimmt seinen Kaffee zusammen in seinen Zimmern.

Die Abende sind der Musik gewidmet. Der Kronprinz hat sein Konzert in seinem Salon, und dazu eingeladen zu werden ist eine besondere Gunst. Gewöhnlich spielt er eine Sonate und ein Flötenkonzert; er ist Meister im Flötenspiel. Sein Ansatz ist wunderbar, seine Fingerfertigkeit groß, seine Musikbegabung bedeutend. Er komponiert auch selbst Sonaten. Mehrmals hatte ich die Ehre, hinter ihm zu stehen, während er spielte. Ich war entzückt von seinem Geschmack, besonders für das Adagio. Das ist eine fortwährende Neuschöpfung der Ideen. – Er tanzt mit Adel und Grazie. Schließlich liebt er alle vernünftigen Vergnügungen außer der Jagd, die ihm ebenso unerfreulich und nicht nützlicher dünkt als das Essenkehren.

Die Frau Kronprinzessin ist stattlich und vorzüglich gebaut. Nie sah ich ein ähnliches Ebenmaß aller Glieder. Ihr Busen, ihre Hände und Füße könnten einem Maler als Modell dienen. Ihr Haar, auf das ich besonders acht gab, ist vom schönsten Aschgrau, das es gibt. Es spielt ins Blonde und schimmert wie Perlen, wenn es nicht gepudert ist. Ihr Teint ist sehr schön, und in ihren großen blauben Augen sieht man Lebhaftigkeit mit Sanftmut vereint, was ihrem Blick etwas sehr Geistreiches gibt. Sie hat eine offene Stirn und schön geschwungene Brauen, eine kleine, spitze, aber sehr schön gezeichnete Nase, einen lieblichen Mund und rote Lippen; Kinn und Hals sind reizend. Güte spricht aus ihrem Gesicht, und ihre ganze Gestalt scheint von den Händen der Grazien gebildet, um eine große Fürstin zu schaffen. Selbst die kleinen Nachlässigkeiten in ihrem Putz und in ihrer Haltung sind glücklich, obwohl ihre Haartracht und Kleidung im allgemeinen tadellos und geschmackvoll sind.

Keine Prinzessin in Europa hat schönere Diamanten, und keine weiß sie besser anzubringen als sie. Ich sah sie mit einer Garnitur großer Brillanten, mit Amythysten vermischt, deren Glanz meine Augen kaum ertrugen. Sie spricht wenig, namentlich bei Tisch, aber alles, was sie sagt, ist geistvoll. Sie scheint hoch begabt und verschönert ihre Anlagen durch emsiges Lesen der besten französischen Schriftsteller. Wie Frau von Katsch (ihre Oberhofmeisterin) mir versicherte, hat sie ein treffliches Herz und einen himmlischen Charakter. Immerfort läßt sie Züge davon erscheinen, die mich entzücken. Allabendlich spielt sie eine Partie Quadrille oder Trisset, und zwar mit größter Selbstlosigkeit. Nach meiner Meinung tanzt keine Prinzessin besser als sie. Ihre Haltung und Miene sind majestätisch, regelmäßig und doch ganz ungezwungen; sie tanzt die Figuren und reicht die Hand nach den Regeln der Kunst, doch ohne Zwang. Man sieht auf den ersten Blick, daß sie mehr als eine gewöhnliche Dame ist.

Neulich hatten wir einen Ball, der mich entzückte. Der

Kronprinz, der sonst nur die Uniform seines Regiments trägt, erschien im grünen Moirérock mit breiten silbernen Aufschlägen und beweglichen Quasten oder Eicheln an den Rändern und reichbetreßter Weste aus Silbermoiré. Alle Kavaliere seines Gefolges trugen fast die gleiche Kleidung, nur weniger prächtig. Diese Art von Uniform wirkte sehr hübsch, doch ich hatte nur Augen für den Tanz der Kronprinzessin.

So verfließen hier die Tage in einem Frieden, der mit allen Freuden gewürzt ist, die ein verständiges Gemüt reizen können."

Freunde – Hofstaat

Nach diesen lebhaften Berichten ist klar geworden, daß es sich im Alltag des Hofstaates von Rheinsberg um anspruchsvolle, auf einer gewissen antiken Bildung beruhende Gestaltung des sonst üblichen Lebenstils handelte, der nicht dörflich beschränkt blieb. Friedrich war bestrebt, mit der geistigen Außenwelt Verbindung zu halten. Er war stets gerührt, wenn er in den Werken des französischen Dramatikers Racine las. Seine Bewunderung der französischen Sprache und Literatur hatte er bei einem Hugenotten gelernt. Charles Etienne Jordan, der schon in Brandenburg geborene Sohn französischer Emigranten hatte sich in Genf und Lausanne, wo ebenfalls große Hugenotten-Kolonien waren, ausbilden lassen und war mit 25 Jahren in der Uckermark Pastor geworden. In einer Reisebeschreibung hat er seine Eindrücke von den Menschen in Frankreich, Deutschland, England und Holland geschildert. Seine Weltsicht auf die lebhaften französischen Städte, die Besonderheiten der Schauspielkunst, die Größe der Bibliotheken, die Ansichten der berühmten Schriftsteller, geistvoll, höflich, weltgewandt, das alles interessierte Friedrich, als Charles Jordan ihm vorgestellt wurde. Von ihm erhielt er auch eine Personenbeschreibung seines späteren Briefpartners und Gastes Voltaire. Er beschrieb Voltaire als von einem blindwütigen Feuer erfaßt, das ihn zu verzehren drohe, als ob er die Schwindsucht habe, dieser magere junge Mann.

Da Friedrich seine nicht sehr große Hofgesellschaft sorgfältig auswählen mußte, wird er die weiteren Qualitäten Jordans in Betracht gezogen haben. Sein sanfter Charakter, die Fähigkeit zuzuhören, seine schriftstellerische Arbeit – er schrieb drei Bücher – vor allem aber dessen unbedingte Anhänglichkeit und Dienstfertigkeit mögen ihn dazu veranlaßt haben, Jordan in Rheinsberg aufzunehmen. Sein enzyklopädisches Wissen diente ihm schier unbegrenzt, man bezeichne-

Charles Etienne Jordan (1736)
Ölgemälde von Antoine Pesne

te ihn auch als „Lexikon des Kronprinzen". Dazu kam, daß er die grammatikalisch durchaus nicht fehlerlosen Schriften Friedrichs korrigierte und ihn beriet, wenn seine Verse allzu sehr holperten. So wurde der schlanke, schwarzhaarige Mann mit den buschigen Augenbrauen unentbehrlich für die Arbeit im Turmzimmer. Er war in der Literatur und Philosophie durchaus auf dem laufenden und wird so manchen Vorschlag zur Ergänzung der Bibliothek beigetragen haben. In der freien Rede jedoch war er anziehend für jeden Teilnehmer in der Runde, „lebhaft wie Quecksilber", ausgestattet mit einem trefflichen Herzen, Sicherheit im Umgang, sanft und wohlanständig im Betragen. Auch die anderen Höflinge sollen ihn geliebt haben, was bei den intriganten, kleinen Gruppen mit ihren Eifersüchteleien sicher bemerkenswert erscheint. Er war wohl das, was man einen vorbildlichen Unterhalter nennt.

Auch Elisabeth Christine schätzte ihn sehr: „Hier ist ein Gelehrter namens Jordan. Er hat viel Geist und Wissen. Er disputiert glänzend. Er speist stets mit, und es ist ein Vergnügen, ihn reden zu hören; er disputiert über alles und gibt von allem einen richtigen Begriff. Mit der Zeit wird er ein großer Mann werden."

Als wir von der Küstriner Zeit sprachen, stießen wir auf den Wunsch Friedrichs, seinen früheren Stallmeister, der natürlich auch als sein Reitlehrer diente, nach Rheinsberg zu holen. Der König lehnte damals ab, er wollte den Freundeskreis seines Sohnes unter Kontrolle halten. Und Dietrich von Keyserlingk scheint nicht einmal in Hille einen Fürsprecher gefunden zu haben, denn dieser sagte im Gespräch zu Friedrich, daß er ihn zwar nicht kenne, aber gehört habe, sein Charakter sei nicht derart, daß der König einen Umgang wie diesen für „besonders erbaulich hielte."

Nun also war er doch in Rheinsberg angekommen und wurde begrüßt „gleich dem Aufgang einer Sonne, die die Finsternisse einer Winternacht durchbricht." Er scheint also eine rundum beliebte Persönlichkeit gewesen zu sein. Zunächst war er Soldat, der nach dem Dienst beim Kronprinzen wieder in sein Regiment zurückkehren mußte. Der sprachgewandte Offizier – er beherrschte die deutsche, französische, lateinische und griechische Sprache – und das auf einem Niveau, das es ihm erlaubte, wissenschaftliche Thesen öffentlich an der Universität Königsberg, an welcher er drei Jahre hörte, zu verkünden. Seine Gestalt war kurz und stämmig, ein Kurländer mit breitem Gesicht, breiter Nase und kleinen Augen. Nach dem Studium war er zwei Jahre in Paris gewesen, und vielleicht kam daher sein lebhaftes Auftreten, daß man ihn für einen Franzosen halten konnte. Oder hatte er diesen Ruf, weil er tüchtig dem roten Wein zusprach? Die Beschreibung des ersten Zusammentreffens zwischen Keyserlingk und Bielfeld hat dieser beschrieben:

„Noch nicht gesehen hatte ich den Freiherrn von Keyserlingk, einen kurländischen Edelmann, der in preußischen Kriegsdiensten steht und der Person des Kronprinzen zugeteilt ist. Meine Augen suchten ihn überall. Ich hatte soviel von ihm gehört, hatte im voraus eine so günstige Meinung von ihm, daß ich vor Ungeduld brannte, ihn kennenzulernen. Plötzlich stürmte er geräuschvoll herein wie ein Wirbelwind, gleich Boreas (der Nordwind in der Ägäis) im Rosenballett. Er kam von der Jagd zurück, und ich war ziemlich überrascht, ihn im Schlafrock und mit einer Flinte über der Schulter zu sehen. Er sprach mich sehr ungezwungen an. Seine ersten Worte ließen mich fast glauben, als wäre ich seit langem sein Busenfreund; er nahm mich beim Arm und führte mich in sein Zimmer.

Während er sich ankleidete, sagte er mir Stücke aus der „Henriade“ (von Voltaire) und deutsche Gedichte auf, sprach von Pferden und Jagd, machte einige Tanzsprünge und ging dann auf Politik, Malerei, Baukunst, Literatur und Kriegswesen über.

Indes glaubte ich zu erkennen, daß seine außerordentliche Lebhaftigkeit nicht ganz natürlich war, und daß sie nicht stets aus der fruchtbaren Quelle des Genies floß. Obgleich die Zeit diesen ersten Verdacht nicht ganz zerstört hat, fand ich in Herrn von Keyserlingk in der Folge doch einen liebenswürdigen Mann, dessen Geist schöne Kenntnisse zieren, der gut spricht und schreibt, ja Verse macht, von heiterem Gemüt ist und ein treffliches Herz hat. Seine Erscheinung ist nicht sehr elegant. Er ist klein und gedrungen, hat kleine Augen, breite Nase, einen unschönen Mund, gelbe, gebräunte Haut. Sein Benehmen ist zwanglos, er hat das Auftreten und durchaus den Ton und die Manieren eines Mannes von Stand. Seine Neigungen hat er durch den Verkehr mit dem Kronprinzen gewonnen. Er liebt die Musik, Baukunst, Malerei, Dichtkunst usw., hat aber nicht so große Fortschritte gemacht wie sein Herr.

Außer den Höflingen hat der Kronprinz noch einige Offiziere seines Regiments in seiner Umgebung; sie wohnen im Schloß und speisen an seiner Tafel. Es sind sehr verdienstvolle Kavaliere, die militärische Begabung mit der Liebe für Kunst und Literatur, Höflichkeit und geselligen Eigenschaften verbinden."

Freiherr Hans Georg Wenzeslaus von Knobelsdorff

Für die Ausformung und die Innengestaltung des „märkischen Versailles“ war, nachdem Kemmeter die Bauleitung abgegeben hatte, sein Schüler Knobelsdorff zuständig. In Ruppin konnte er sich seine ersten architektonischen Sporen verdienen, aber um Friedrichs Träume von einem Lustschloß im französischen Stil verwirklichen zu können, hatte er sich noch nicht genug in Italien und Frankreich an Ort und Stelle umgesehen. Wer aber auf sich hielt, mußte eine Bildungstour absolvieren. Waren bisher häufig italienische oder französische Künstler in Brandenburg beschäftigt gewesen, die stilbildend wirkten, finden wir bei Knobelsdorff exemplarisch den umgekehrten Fall. Ein Sohn aus dem Haus Ochel-Hermsdorf-Cossar, südlich von Crossen an der Oder gelegen, geboren im Nachbargut Kuckädel, macht sich auf in die Welt.

Die Besitzungen der Familie lagen inmitten der fruchtbaren, wald- und wiesenreichen Landstriche südlich der Oder, östlich der Bobermündung. Mit Hans Georg wuchsen drei Brüder und drei Schwestern auf, doch als er vierzehn Jahre alt wurde, verstarb sein Vater, ein höherer Offizier in der preußischen Armee im Jahr 1713, dem Jahr des Thronwechsels. Die Mutter, Ursula Barbara, verheiratete sich wieder, und nun kümmerte sich sein Pate, ein Oberforstmeister, um den Heranwachsenden. Dessen Söhne dienten ebenfalls als Offiziere, und so kannte er sich aus und brachte Hans Georg bereits nach einem Jahr als Gefreitenkorporal in einem Infanterieregiment in der Oderfestung Küstrin unter. Das war der Beginn einer durchaus standesgemäßen Laufbahn, ehrenvoll und mit angemessener Versorgung. Als Sechzehnjähriger nahm er bereits im Regiment Lettum am Pommernfeldzug und an der Belagerung Stralsunds (August bis Dezember 1715) teil. In seiner Eloge, die am 23. Januar 1754 in der Akademie der Wissenschaften verlesen wurde und von Friedrich II. verfaßt worden war, hieß es: „Hier zeichnete er sich aus. Aber die Strapazen des rauhen Feldzuges und der bis an die Schwelle des Winters fortgesetzten Belagerung zerrütteten seine Gesundheit. Er bekam einen Bluthusten, bezwang aber die frühe Krankheit und diente trotz seiner zarten Gesundheit bis 1730 weiter."

Nach dem Stockholmer Friedensschluß (1720) stand seine Einheit in der Uckermark, Fürstenwalde und wohl 1729 in Berlin. Hier reichte er im Sommer seinen Abschied ein. Daß er gewährt wurde, deutet daraufhin, daß sein Lungenleiden weiterhin bestand, denn er war erst dreißig Jahre alt und kurz vorher zum Hauptmann befördert worden. Neben der Krankheit kann als weiterer, vielleicht entscheidender Grund auch die Bekanntschaft mit dem Kronprinzen hinzu gekommen sein. In der Akademierede weist der König auf die Eigenschaften des Freundes hin:

„Er floh alles, was seine Freiheit zu beeinträchtigen schien. Aber er liebte die Wahrheit, sich überredend, daß sie niemanden beleidigen könnte. Man mußte ihn genau kennen, um seinen ganzen Wert zu begreifen... Es ist ein Kennzeichen des Genies, daß es seinen natürlichen Neigungen unbezwinglich folgt und klar erkennt, wozu es geschaffen ist. Auch Knobelsdorff bildet ein Beispiel dafür. Er war zum Maler und großen Architekten geboren, die Natur hatte ihm die Begabung geschenkt."

Während seiner Armeezeit hatte sich Knobelsdorff immer mit dem Malen und Zeichnen beschäftigt und es zu außergewöhnlichen Fähigkeiten gebracht, angeleitet auch durch Friedrich Wilhelm Weidemann, der die Zeichen- und Malklasse der Berliner Akademie leitete. Von ihm lernte er die Perspektive und durch Pesne die verschiedenen Techniken kennen. Beide Künstler waren sehr eng verbunden durch ihre Arbeit und die daraus erwachsene Freundschaft, so daß sie später zunächst im Deutschen Dom nebeneinander beigesetzt wurden. Als man sie dann auf den Friedhof am Halleschen Tor überführte,

Georg Wenzeslaus von Knobelsdorff
in seiner Rheinsberger Zeit
Gemälde von Antoine Pesne

erhielten sie ein Doppelgrab. Wahrscheinlich ist der Hof durch Weidemann auf den jungen Künstler aufmerksam geworden und es ist möglich, daß auch der Kronprinz durch ihn in den bildnerischen Künsten angeleitet wurde. Über die engere Berliner Kunstszene hinaus beschäftigte sich Knobelsdorff auch mit den Künstlern seiner Zeit im Ausland und lernte sie auf seinen Reisen kennen.

Die erste Reise führte ihn im Jahr 1732 an den Dresdener Hof noch zu Lebzeiten August des Starken. Dessen Residenz an der Elbe war ein bedeutender europäischer Mittelpunkt von Sammlungen berühmter Kunstwerke geworden. Großsedlitz, Moritzburg, das Japanische Palais, die Bauten im Stadtinneren, die barocken Achsen der wichtigsten Straßen – das alles mag der junge Preuße aus Berlin in sich aufgesogen haben. Wo konnte Knobelsdorff sonst in erreichbarer Nähe eine Barockstadt so gründlich studieren? Franzosen, Holländer, Italiener, Ungarn, aus allen europäischen Ländern kamen die Künstler und wirkten mit an einer Residenz bedeutenden Ranges. Mit dieser Erfahrung und den erworbenen Kenntnissen kam der Kavalierarchitekt nach Preußen zurück und wurde in den Freundeskreis des Kronprinzen in Ruppin aufgenommen. Er wird dort über die neuesten Akzente in der Baukunst referiert haben, die sich in Dresden deutlich zeigten. Der maßgebende Baumeister in Dresden, Zacharias Longuelune, war in Paris ausgebildet worden, hatte unter Jean de Bodt am Zeughaus in Berlin gearbeitet, nun war er Dresdener Generalintendant der Zivil- und Militärgebäude. An diesen Männerkreis hatte Knobelsdorff sich in Dresden angeschlossen.

Wie eine Probe aufs Exempel mutet der Auftrag an, den ihm der Kronprinz erteilte, nämlich in den seit 1732 angelegten barocken Park einen kleinen Tempel einzufügen, der Apollo gewidmet sein sollte. Es war seine erste architektonische Arbeit. Hier zeigt sich bereits sein Können in der formalen Gestaltung des Rundbaus, der die Ruhe ausstrahlt, die Friedrich in Ruppin suchte und im Gegensatz zum Berliner Hof auch gefunden hat. Nach diesem Start war es nur logisch, daß Knobelsdorff mit nach Rheinsberg umziehen mußte und dort das Schloß am Grienericksee nach den Ambitionen des Besitzers in ein frühes Sanssouci umbauen sollte. Doch bevor er diese neue, große Herausforderung annahm, galt es die eigenen Ideen in Italien zu überprüfen und Anregungen zu gewinnen. Als Nebenaufgabe der Studienreise galt die Besichtigung von Theatergebäuden und Bühneneinrichtungen. Auch Kontakte mit begabten italienischen Künstlern, die man später verpflichten konnte, wenn die eigene Oper gebaut würde, sollte er knüpfen. Es liegt auf der Hand, daß der zukünftige Hofbaumeister Friedrichs seine Ausbildung mit der italienischen Reise abschließen sollte.

Sie wurde auch zu einer Begegnung mit der Kunst der Griechen, die in Italien reich vorhanden war, und die er der römischen Kunst vorzog und auch über die Gegenwartskunst stellte. Er besuchte Neapel, Rom, Florenz und Mailand und wird am Wege so manche unerwartete Entdeckung gemacht haben. Der reiche Adel hatte aus dem Land einen üppigen Kunstgarten gemacht, überall teure Paläste und Gärten, Villen und Kirchen reich mit Kunstwerken ausgestattet und all den leuchtenden Namen der Renaissance. Und alle Baumeister hatten ihre Griechen und römischen Vorfahren gut studiert. Nun war es Aufgabe Knobelsdorffs, Werke, die die europäische Kunst bestimmen sollte, für den preußischen Kronprinzen zu erschaffen. Er bedauert die Zerstörung der alten Tempel durch den ersten christlichen Kaiser Konstantin, die weit besser gebaut waren als die „miserablen Kirchen“ seiner Zeit.

Er besuchte außer den Museen auch die Theater, versuchte Künstler zu gewinnen, hatte aber keinen Erfolg – was konnte Berlin schon bieten –, nahm an gesellschaftlichen Veranstaltungen, so z.B. an Jagden, teil. Wie bescheiden war doch der Almathea-Garten in Ruppin, gemessen an den opulenten Gärten der italienischen Hauptstadt. Er zeichnet, so viel er kann, seine Skizzenbücher bergen Schätze von bildkünstlerischen und architektonischen Details, damit keine originelle Lösung verloren geht, die er später einmal verwenden könnte. Landschaften als übergeordnetes Ganzes mit den darin eingefügten Kunstwerken sind ein besonderer Punkt seiner Aufmerksamkeit. Städtische Bauten, Gebirgs- und Meereslandschaften finden wir neben Zeichnungen nach berühmten Werken der Venezianer Scamozzi, Sansovino und Palladio, die ihn stark beeinflußt haben, wobei ihn Palladio besonders beeindruckt hat.

Zurückhaltend äußert er sich zur heiteren, fast sorglosen Lebensauffassung, zur theatralischen Frömmigkeit, zur Dominanz des Klerus in diesem gesegneten Land. Der eher nüchterne Brandenburger mag nicht nur seinem Naturell nach anders empfunden haben, sondern vielleicht auch durch einen bei einem Wagenunfall verletzten Arm schmerzlich behindert worden sein, denn er verzichtete auf weitere Besuche in Turin und Mailand. So fuhr er im Frühling des Jahres 1737 über Augsburg und Bayreuth, wo er der Markgräfin Wilhelmine berichten mußte, wieder gen Rheinsberg. Er hatte in Italien gesehen, wie Kunst an öffentlichen Bauten die Würde des Staatswesens ausdrücken kann.

Nun, nach der Rückkehr, übertrug Friedrich ihm, dem „Bauintendanten“, die Ausgestaltung und Erweiterung des Werks von Kemmeter, das mit dem äußerst bescheidenen Etat, den der König genehmigt hatte, doch recht karg ausgefallen und den brandenburgischen Gutshäusern nur unwesentlich überlegen waren. In Preußen ging es beim Bauen immer um die Rücksichtnahme auf die vorgefundene Situation. Abgerissen wurde nur, was verfallen war. So mußte für Knobelsdorff die einfache Zweckanlage, in die das Kronprinzenpaar eingezogen war, der Ausgangspunkt für die weit darüber hinaus führenden Vorstellungen des Bauherrn sein. Heimlich war er bereits von Friedrich darauf vorbereitet worden. Nun aber verlangte dieser eine Lösung, welche die wunderschöne Landschaft und den gesellschaftlichen Zweck eines Lustschlosses voll berücksichtigte. Ein gutes Gestalterteam stand ihm zur Seite, die Bauinspektoren Feldmann und Horst, bereits erfahren, der Stukkateur und Ornamentschnitzer Scheffler, der Bildhauer Glume und nicht zuletzt der befreundete Porträt- und Historienmaler mit französischer Ausbildung, Antoine Pesne. Dieser brachte auch seinen Schwager Dubuisson mit, der sich der Supraporte, mit Blumen und Früchten ausgeschmückt, annahm.

Friedrich war nur einmal in Dresden gewesen und sonst kaum aus seinem Land hinausgekommen. Vom gereisten Bauintendanten erwartete er originelle Lösungen. Trotz der Einschränkungen durch Kemmeters Vorleistungen wurde er den hohen Ansprüchen Friedrichs gerecht. Die Kompromisse waren hinnehmbar und betrafen die Zimmerfluchten, die in ein Korridorsystem verwandelt wurden, nicht aber die Haupträume. Wichtiger ist, daß Knobelsdorff eigenständige Lösungen fand, die den intimen Charakter des Schlosses unterstreichen. Selbst die Hauptfront ist dem Wasser zugewandt und entspricht daher der Bestimmung des Schlosses viel stärker als die Anordnung eines Eingangs im französischem Baustil, dem man sich durch eine lange, breite Auffahrt nähert.

Der Park, nach Fontane eine „glückliche Mischung von englischem und französischem Geschmack“, ist eine gemeinsame Arbeit von Knobelsdorff und Friedrich Sello, dem Hofgärtner. Zuerst wurden die Wasserläufe begradigt, ebenso die Rhinmündung und das Seeufer, dann ging es an die barocken Ranken und Blumenbeete auf dem kleinen Hauptparterre. Es fehlt eine Fontäne in der Mitte, sie war wohl geplant. Warum sie nicht ausgeführt wurde, kann nicht an Wassermangel gelegen haben. Die Zitrusbäume aus der Orangerie fanden im Sommer Aufstellung im Orangenparterre. Freitreppen und Säulen mit Vasenbekrönungen bildeten die Synthese zwischen Natur und Kunst. Höchstmaß dieses Gedankens war die Aufstellung der Pomona und der Flora, der Göttinnen der Feld- und Gartenfrüchte.

Knobelsdorff war Mitglied des Freundeskreises in Rheinsberg, daraus aber eine persönliche Freundschaft zu Friedrich abzuleiten, wäre zu einfach. Immerhin war er dreizehn Jahre älter als sein Herr, und obwohl klassisch gebildet, neigte er mehr zum Handeln als zum Parlieren. Rheinsberg war als Musensitz konzipiert, aber was geschah dort wirklich in den Gesprächen und Disputen? Die hier versammelten Männer hätten es in Berlin unter der Aufsicht des Königs schwer gehabt, die Muße zu finden, die man für eine tiefergehende Reflexion eines Themas brauchte. Alle wußten, daß der kranke und in den letzten Lebensjahren schwer von Schmerzen geplagte König ihren Bemühungen zumindest ablehnend gegenüber stand. Die Meldungen von seinen seltenen Besuchen lösten immer schlimme Befürchtungen aus. Der Briefwechsel Friedrichs mit seiner Schwester Wilhelmine, in denen beide recht deutlich wurden, beweist, daß sie immer böse Vorahnungen hatten, wenn sie nach Berlin oder Potsdam mußten oder gar in Abwesenheit beschimpft wurden. Das mehrfach angekündigte Ableben des Königs schien Erleichterung zu verheißen, aber der Vater fing sich immer wieder. Allerdings reiste er nicht mehr so oft, und daher konnte die Gesellschaft in Rheinsberg vor seinen Besuchen einigermaßen sicher sein. Die eigentliche hohe Zeit dieses Kreises dauerte vier Jahre, und das Schloß war immer eine Baustelle. Dieses Schicksal hat Friedrich mit seiner Großmutter Sophie Charlotte geteilt, die auch nicht erleben konnte, daß ihr Lieblingsschloß vollendet wurde.

Das zentrale Anliegen des Freundeskreises war die Schaffung einer neuen Weltanschauung. Die Lehren der Philosophen Descartes, Leibniz, Wolff und der Naturwissenschaftler Tyco de Brahe, Kopernikus und Newton hatten das alte religiöse Weltbild vollkommen verändert. Die humanistischen Strömungen rückten den Menschen in den subjektiven Mittelpunkt der Wissenschaft und Politik. Das Naturrecht, die Theorie von der natürlichen Stellung des Menschen im Welt-

Christian Wolff
Theologe, Mathematiker, Philosoph

gefüge, hatte sich allerorten durchgesetzt und war auch in Brandenburg und Preußen Lehrmeinung geworden, vor allem durch den Einfluß Pufendorfs, den noch Kurfürst Friedrich Wilhelm nach Berlin geholt hatte. Aber auch der Rationalismus August Hermann Franckes in Halle und dessen segensreiches Wirken in den ganzen Staat hinein hatte einen bedeutenden Teil der gebildeten Theologen erfaßt, die sich für tätiges Christentum einsetzten. In diesem Zusammenhang war Friedrich in Küstrin und auch noch in Ruppin immer nach seiner Neigung zum Glauben an die Prädestination (göttliche Vorherbestimmung) gefragt worden, und dem König war es ein dauerndes Anliegen, ihn davon abzubringen. Die Lehre von der Vorherbestimmung allen Tuns und Handelns, von der Ohnmacht des Einzelnen, war zu simpel. Der Philosoph Wolff hatte immer nach den Gründen gefragt und diese in der Vernunft des Handelns gesucht. Allerdings war er außer Landes gejagt worden, weil er in einer Vorlesung erklärt hatte, daß die Prädestination, wenn diese Lehre zuträfe, jedem Deserteur als Entschuldigung dienen könne, daß ihm also die Flucht aus dem Militär vorherbestimmt sei.

Die Schwierigkeit der Situation bestand darin, daß diese Theorie ein Bestandteil der reformierten Religion war, also auch vom Hof akzeptiert wurde. Auch Friedrich war so erzogen worden, doch dieser Punkt des Pietismus wurde vom König aus begreiflichen Gründen abgelehnt. Er brauchte keine passiven, sondern aktive Bürger im Land. Die Auffassung Wolffs, die eigentlich auch seinem Verständnis entsprach, muß ihm falsch interpretiert worden sein, so daß er seinen eigenen Bundesgenossen verjagte. Daher auch die Furcht, Friedrich könne sich nicht davon lösen, alles als vorbestimmt, als Kismet zu betrachten. Friedrich, der die Originale der Wolffschen Werke nicht lesen konnte, da er die komplizierten philosophischen Texte auf Deutsch nicht verstand, ließ sich im Jahr 1737 das Hauptwerk „Vernünftige Gedanken von Gott, der Welt und der Seele des Menschen“ ins Französische übersetzen und schickte ein Exemplar auch an Wilhelmine und Voltaire.

Die Vernunftsphilosophie war auch unter dem Personal in Rheinsberg verbreitet, denn Jean de Champs, ein Lieblingsschüler Wolffs, war als Schloßkaplan angestellt und wird aus eigenem Erleben und Wissen die Ansichten seines Meisters bekannt gemacht haben. Auf diese Weise waren weltanschauliche Gespräche wie selbstverständlich immer präsent. Und Jordan war mit den französischen Aufklärern vertraut, so waren beide Strömungen auch über die Naturwissenschaften und den englischen Rationalismus in Rheinsberg vertreten. Der Ingenieurmajor Senning, Friedrichs Lehrer der Kriegswissenschaften, und Hauptmann Foqué, nicht nur Theaterarrangeur, sondern auch mit den Wissenschaften wohl vertraut, ergänzten den Kreis, der aus 15 festen Mitgliedern bestand, die ständig zur Tafel geladen waren. Davon war Senning mit über sechzig Jahren wohl der Älteste. Schließlich war auch als Hofmarschall Herr von Wolden anwesend, der aus Küstrin und Ruppin umgezogen war. Ebenfalls schon in Küstrin als Gefährte des damals einsamen Kronprinzen war Michael Gabriel von Fredersdorff dabei. Er hatte die erste Vertrauensstellung inne. Als Oboist eingestellt, erwarb er das Vertrauen Friedrichs bis hin zur Verwaltung seiner Finanzen, später auch der Staatsfinanzen. Bielfeld nennt ihn einen „großen, schönen Mann, der Geist und Klugheit besitzt. Er ist höflich, zuvorkommend, gewandt, schmiegsam, hängt an seiner Habe und ist doch prachtliebend. Ich glaube, er wird eines Tages eine große Rolle spielen."

Gäste ergänzen den Kreis, Voraussetzung für deren Einladung sind Geist und Geschmack. Doch so klug und genau Jordan, unverzichtbar als Lektor und Kopist auch sein mochte, wie originell die ständigen Mitglieder und die zeitweiligen Besucher auch waren, der zukünftige König will über sie hinauswachsen und sich messen an dem größten Dichter und Philosophen seiner Zeit, an dem französischen Radikalaufklärer Voltaire.

François-Marie Arouet, genannt Voltaire

Dessen ungewöhnlicher Lebenslauf und sein geniales Werk lassen darauf schließen, daß Friedrich auch vom tragischen Schicksal dieser ungewöhnlichen Persönlichkeit fasziniert war. Auch Voltaire war jung verbannt worden, und zwar nach England, auch er hatte im Gefängnis gesessen, war verprügelt worden, auch er war Freidenker und Spötter. Mit seiner Kampfdichtung „La Henriade“ wandte er sich gegen den Fanatismus aller Religionen. Orthodoxie und Dogmatismus waren seine Hauptfeinde, und damit hatte er sich mit dem Klerus und den hofgebundenen Kollegen der gelehrten Zunft auch seine unerbittlichen, einflußreichen Gegner geschaffen. Selbst König Ludwig XV. schwankte zwischen Bewunderung und Haß. Diese Geisteswelt zog Friedrich an, unterbrach den Trott des Hofes und die ewigen Eskapaden seines Vaters. Hier konnte er sich orientieren und aufrichten. Und er fand in der Vernunftidee einen kämpferischen Ansatz für die Beseitigung alles Hemmenden, was die Menschen von ihrer Würde trennte. Was spielte es für eine Rolle, wenn seine Gegner Voltaire gierig, geldsüchtig, ehrgeizig und einen Hypochonder nannten. Und es ging sogar das Gerücht, er solle in einem Dreiecksverhältnis mit einer Marquise du Chatelet und ihrem Mann auf deren Schloß an der Grenzc zu Lothringen leben, weil er aus Paris verbannt worden sei.

All das machte ihn in den Augen des Kronprinzen vielleicht nur noch interessanter, und er faßte Mut und schrieb ihm einen ersten Brief am 8. August 1736, der Vierundzwanzigjährige an den Zweiundvierzigjährigen. Bereits die ersten Worte dieses Briefes bezeugen reine Bewunderung für den Dichter-Philosophen: „Monsieur, wenngleich ich nicht die Genugtuung habe, Sie persönlich zu kennen, so sind Sie mir doch durch ihre Werke sehr wohl bekannt. Es sind, wenn ich mich so aus-

François-Marie Arouet, genannt Voltaire
Porträtbüste von Jean Antoine Houdon (1778)

drücken darf, Schätze des Esprits und Werke, die mit soviel Geschmack, Delikatesse und Kunst gearbeitet sind, daß ihre Schönheit bei jedem Wiederlesen ganz neu erscheint. Ich vermeinte darin den Charakter ihres ingeniösen Schöpfers wiederzuerkennen, der unserem Jahrhundert und dem menschlichen Geist überhaupt zur Ehre gereicht."

Dann bittet er darum, daß er in Voltaires Korrespondenz einbezogen wird und daß dieser ihn in den Künsten und Wissenschaften unterweisen möge. Der Adressat fühlte sich verstanden und geehrt. In seinem Heimatland vom mächtigen Adel und Klerus bekämpft, erkennt der zukünftige König von Preußen seinen Rang, und Voltaire antwortet auf ähnliche Weise: „Monseigneur, man müßte fühllos sein, um von dem Brief, mit dem Ew. Kgl. Hoheit mich zu ehren geruhen, nicht inniglichst gerührt zu sein. Er schmeichelte meiner Eigenliebe nur zu sehr; aber die Liebe zum Menschengeschlecht, die seit je in meinem Herzen lebt und die, wie ich zu behaupten wage, meinen Charakter prägt, schenkte mir eine tausendfach reinere Freude, als ich erkannte, daß es auf der Welt einen Prinzen gibt, der als Mensch denkt, einen Fürsten-Philosophen, der die Menschen beglücken wird."

Und gleich im ersten Brief kommt er auf eine Reise zu sprechen: „Ich würde es als kostbares Glück erachten, Ew. Kgl. Hoheit meine Aufwartung zu machen. Man reist gen Rom, um Kirchen, Gemälde, Ruinen und Reliefs zu betrachten. Ein Prinz wie Sie verdiente weit mehr eine Reise, ist er doch eine viel herrlichere Rarität."

Der Auftakt zieht eine ständige Abfolge von Briefen nach sich, beide schonen sich nicht. Die freundschaftlichen Gefühle, Friedrich hatte den ersten Brief bereits mit „Ihr zutiefst ergebener Freund" unterzeichnet, werden stärker. Man geht auf die aufgeworfenen Fragen und die dazu erteilten Antworten ausführlich ein, stimmt zu. Bewundert Beweisführungen und Gedankenblitze des anderen, korrigiert sich nach Kritiken, die allerdings sehr feinfühlig geäußert werden, niemand will den anderen verletzen. Es liegen im Laufe der Zeit hunderte Briefe vor, der letzte vom 1. April 1778, 42 Jahre nach dem ersten.

Die frühen persönlichen Begegnungen verliefen problemlos und immer höflich. Im Herbst 1740 verbrachte Voltaire eine Woche in Rheinsberg. Während dreier Jahre, von 1750–1753, lebte Voltaire am Hof Friedrichs, auch als ständiger Gast seiner Tafelrunden. Nach dem ersten Schlesischen Krieg waren sie sich in Aachen begegnet, wo Friedrich zur Kur weilte. Er lud ihn dorthin ein mit den Versen:

> Von dem Quell, wo die Fakultät gegen Gicht und Kolik,
> Harngries, Schanker, Hexenschuß, gute Laune
> und das Heil verspricht.

Voltaire kam aus dem Besitzbürgertum der französischen Hauptstadt. Mit einem scharfen, analytischen Geist begabt, erkannte er die anbrechende, neue bürgerliche Zeit und trug entscheidend im 18. Jahrhundert zu der Erkenntnis bei, daß die Barrieren, die der Adel errichtet hatte, nicht nur im Materiellen bestanden, sondern ebenso hinderlich waren für das gesellschaftlichen Denken, das noch im Mittelalter wurzelte. Der Absolutismus mit seiner Willkürherrschaft („Der Staat bin ich“, verkündete Ludwig XIV.), beruhend auf dem Gottesgnadentum (der König behauptete, von Gott eingesetzt zu sein und daher nur ihm verantwortlich) und die diese Anmaßung stützende Kirche mit Pomp und Prunk, der allseits noch herrschende Aberglaube und die gesellschaftlichen Vorrechte des Feudaladels wurden von ihm schonungslos angegriffen. Er sah in diesem verfilzten Überbau einer lasterhaften, parasitären Klasse die Hauptgefahr für die Gedankenfreiheit und die natürliche Würde des Menschen, der sinnlose und gefährliche Dinge zu glauben gezwungen wurde.

Der dritte Stand aber brauchte die von den modernen Ökonomen propagierte Handelsfreiheit, „Laisser faire!“ war die Losung des Bürgertums. Alle Begrenzungen der Freiheit sollten fallen. Immer stärker erhob sich der Ruf nach garantierten politischen Rechten, und das konnte nur durch eine Verfassung erreicht werden. Diesen Zielen des Dritten Standes entsprachen die Lehren der Naturwissenschaften, die neue Gesetzmäßigkeiten über das Leben und die Gestalt der Erde darlegten. Das waren die Waffen im Kampf gegen Adel und Klerus, der mit zunehmendem Haß geführt wurde.Voltaire legte die Munition in seinen Büchern und Theaterstücken. Voller Sarkasmus geißelte er die Schriften der Juristen gegen die Trennung der Gewalten. Gesetzgebende, ausführende und rechtsprechende Gewalt müßten voneinander getrennt werden, wenn Willkür gebrochen und Gerechtigkeit eingeführt werden solle. Bereits in den Jahren vor der Veröffentlichung des Hauptwerkes von Montesquieu „Vom Geist der Gesetze“ (1748) wurden diese Fragen überall in der Geisteswelt diskutiert, und nicht nur das Bürgertum fand Wege und Methoden, sich trotz der Zensurmaßnahmen und Verbote zu verständigen. Man traf sich in den Salons, Cafés und Lesezirkeln und einigte sich auf die allgemeinen Forderungen nach Gleichheit vor dem Gesetz und Garantie des Eigentums, nach Vorrang der Gesellschaft vor dem Herrscher, nach Unverletzlichkeit der Person.

Diese Thesen finden Widerhall nicht nur in Frankreich, sondern auch in den anderen Ländern Europas. Die Aufklärung beginnt ihren Siegeszug mit den berühmten Sätzen von Descartes „Ich denke, also bin ich“ und „An allem ist zu zweifeln“, und damit tritt an die Stelle endlosen Nachbetens toter Formeln nunmehr die logische Analyse alles Bestehenden. Dieser Bewegung schließen sich auch Vertreter des Adels an, Montesquieu selbst war von gräflicher Herkunft.

Voltaire geht im Prozeß der allgemeinen Aufklärung noch einen Schritt weiter, er sieht es als die dringende Aufgabe der Philosophie an, aktiv an der Umgestaltung der Welt zu arbeiten, ein Leitgedanke, den hundert Jahre später Karl Marx in der 11. Feuerbach-These fast genauso formuliert. Auch Friedrich will seinen Staat verändern, von den eingebleuten Regeln und kleinlichen Vorschriften befreien. Er selbst ist ein Beispiel dafür, wie Talent und Geist in die inquisitorische Folter spanischer Stiefel geschnürt wurden und wie ein frei denkendes Individuum sich dagegen wehren und dabei schnell zu Tode kommen kann. Daher geht er auf Voltaire zu, der seinerseits erstaunt und erfreut ist, einen Fürsten zu finden, bei dem seine Ideen auf fruchtbaren Boden fallen.

Sicher verbindet beide nicht nur Freundschaft, in Zukunft beherrscht sogar zeitweilig Feindschaft die Beziehungen, aber schließlich siegt die Einsicht, daß der Gedankenaustausch für alle Beteiligten nur Nutzen bringen kann. Es sei nur daran erinnert, daß die Gewaltenteilung in die Verfassungen demokratischer Staaten bis heute ihren Platz gefunden hat. Bereits 1776 halten ihre Grundsätze Einzug in die amerikanische Unabhängigkeitserklärung, sie erscheinen im deutschen „Sturm und Drang" in erweiterter Form als Gesamtheit des Menschen, nicht nur seiner Gedanken, auch im natürlichen Reichtum seines ethnischen Wesens, in den besonderen Lebensformen der Völker, ihrer Kunst und Literatur, Sprache und Musik.

Dies ist das gärende Umfeld der Rheinsberger Republik, diese Gedanken sind es, die den Freundeskreis beherrschen. Es gibt leider keine Protokolle und ausführlichen Tagebücher, aber in den späteren Schriften Friedrichs, in den politischen Testamenten und anderen Äußerungen, in seinen energischen Anstrengungen für ein neues Landrecht spürt man die vorrevolutionären Gedanken aus Frankreich, allerdings in einer besonderen Form. In Preußen fand sich noch kein ausreichend gefestigtes Bürgertum, das eine eigene geistige Oberschicht gebildet hätte. Goethe, Schiller, Herder, Lessing lebten an den Höfen von den Zuwendungen der Fürsten, und wenn diese der Aufklärung anhingen, wie es in Weimar und Wolfenbüttel der Fall war, konnten sie ihre Schriften unzensiert, wenn auch nicht ohne Rücksichtnahme abfassen. Der Schulmeister aber, der kleine Landarzt, der Dorfpastor waren an die stockkonservativen Adligen gebunden. Der große Teil fügte sich den Verhältnissen, ein kleiner Teil radikalisierte sich. Noch Büchner fand keinen anderen Weg für den Sieg der Menschenwürde als schreiend zu fordern: „Die Tugend muß durch den Terror herrschen!"

Soweit konnte Friedrich nicht gehen, weder von seiner Geisteshaltung, noch von seiner königlichen Stellung her. Daher finden sich die aufklärerischen Ideen, die er über Frankreich durch Voltaire bezog, in absolutistisch gemäßigter Form wieder. Er strebt ein funktionierendes gesellschaftliches Gleichgewicht an. Dazu braucht er ein modernes Rechtssystem, zumindest die Richter müssen autark sein, was bedeutet, daß sie unabhängig von den Parteien ihr Gehalt bekommen. Nur so können die veralteten Rechte und Gesetze, die sich wie eine ewige Krankheit fortschleppen, beseitigt werden. Weg mit den Sporteln (mittelalterliche Form des Beamteneinkommens), den Einkünften der Juristen, die von den Klägern bezahlt werden müssen. Prozesse ziehen sich daher über viele Jahre und Jahrzehnte hin. Manchmal weiß niemand mehr, worum es eigentlich geht. Friedrich Wilhelm I. hatte schon mit der Landrechts-Reform begonnen, aber es geht nicht voran, die Widerstände in den Gerichten müssen gebrochen werden. Dort liegt der Staub von Hunderten von Jahren auf den Akten und Perücken.

In diesem Punkt und mit seiner ganzen Denkweise muß Voltaire als der große Anreger für Friedrich verstanden werden. Gewiß ist nicht alles in Rheinsberg ausgereift, was diskutiert wurde, aber hier, in diesen wenigen Jahren, hat es begonnen. Die Hoffnungen, welche Voltaire auf den kommenden König setzt, kann man aus einem Brief vom 10. März 1740 entnehmen. Die wenigen Zeilen, die hier ausgewählt werden können, machen aber deutlich, wie das Verhältnis zwischen beiden damals war:

„... Ich weiß nichts Genaues über Ihre derzeitige Situation, aber niemals habe ich Sie so geliebt und bewundert. Wenn Sie

König sind, werden Sie viele Menschen glücklich machen; falls Sie Kronprinz bleiben, werden Sie sie erziehen. Wenn ich maßgeblich wäre, wünschte ich aus Eigennutz, daß Ihnen Ihre glückliche Muße erhalten bleibt und daß Sie sich weiterhin damit befassen können, Bezauberndes, das mich entzückt und aufklärt, zu Papier zu bringen. Als König werden Sie ausschließlich damit beschäftigt sein, in Ihren Staaten die Künste erblühen zu lassen, weise und vorteilhafte Bündnisse zu schließen, Manufakturen einzurichten, sich Unsterblichkeit zu verdienen. Ich werde nur noch von Ihren Taten und Ihrem Ruhm hören; aber wahrscheinlich werde ich keine hübschen Verse mehr bekommen, nichts mehr an kräftiger und sublimer Prosa, die Ihnen eine andere Unsterblichkeit verleihen würde, so wie Sie das wollten. Für einen König hat der Tag nur 24 Stunden, die sehe ich dem Glück der Menschen geweiht, und ich sehe nicht, daß eine Minute für den literarischen Austausch übrigbleibt, mit dem Ew. Kgl. Hoheit mich voller Güte beehrt haben. Gleichwie, ich wünsche Ihnen einen Thron, da ich Anstand genug besitze, die Glückseligkeit etlicher Millionen der Befriedigung nur meiner Person vorzuziehen.“

Voltaire ahnt also, daß die Tage bis zum Regierungsantritt des Rheinsberger Briefpartners gezählt sind und verabschiedet sich schon in gewisser Weise im höheren Staatsinteresse Preußens. Aber Friedrich findet bei allem, was auf ihn seit dem Frühjahr in Berlin einstürmt, eine Woche nach dem Antritt, am 6. Juni 1740, Zeit, einen Brief an Voltaire zu richten:

„Mein werter Freund, mein Los ist ein anderes geworden, und ich habe den letzten Augenblicken eines Königs, seiner Agonie, seinem Tode beigewohnt. Auf dem Weg zum Königstum war diese Lektion gewiß nicht nötig, um mich Eitelkeit und menschliches Gepränge verachten zu lehren.

Ich hatte ein kleines Werk zur Metaphysik geplant, unter meinen Händen hat es sich in ein politisches Werk verwandelt. Ich glaubte, mit einem liebenswerten Voltaire eine Lanze brechen zu können, nun habe ich mit dem greisen Bischofsmützen-Machiavell zu fechten (mit dem hochbetagten Kardinal de Fleury, französischer Staatsminister). Letztendlich, mein lieber Voltaire, sind wir eben doch nicht Meister unseres Schicksals. Der Wirbel der Geschehnisse reißt uns fort, und wir müssen uns fortreißen lassen. Ich bitte Sie, sehen Sie in mir nichts weiter als einen fleißigen Bürger, einen leicht skeptischen Philosophen, doch einen wahrhaft treuen Freund. In Gottes Namen, schreiben Sie mir einfach als Mensch und verpönen Sie bei mir Titel, Namen und äußerlichen Glanz..."

Die Verbindung in persönlicher und brieflicher Form blieb aufrecht erhalten. Trotz der konfliktreichen Spannung in den fünfziger Jahren kamen sich beide wieder näher, und Voltaire fand nach wie vor in Friedrich einen königlichen Bewunderer, während er in Frankreich immer wieder größten Schwierigkeiten ausgesetzt war. Von seinem Alterssitz in der Nähe von Genf versorgte er die revolutionären Kräfte mit Kampfschriften über die Befreiung der Leibeigenen, aber auch mit diffizilen Betrachtungen geistiger Fragen. Seine Autorität war ungebrochen, seine Werkliste umfangreich. Allein die auf den Index gesetzten Schriften umfassen fünf Bände. Im Jahr 1778 folgte Voltaire endlich dem Drängen seiner Anhängerschaft und siedelte nach Paris über.

Zwei Monate nach seinem späten triumphalen Einzug in die Hauptstadt starb der große Mann. Während ihm die katholische Geistlichkeit ein Begräbnis verweigert und sein Leichnam tagelang auf der Suche nach einem Grab durch Ostfrankreich gekarrt wird, ehrt ihn Friedrich mit einer Würdigung, die er in der Berliner Akademie verlesen ließ. Er bezeichnete ihn als einen Mann, dessen Werke von „strahlendem Feuer erfüllt" seien.

Die Musiker und Künstler

Wenn man die Runde in Rheinsberg betrachtet, stößt man bei jedem Gast auf die Fähigkeit, ein Instrument spielen zu können. Friedrich selbst hatte sehr guten Unterricht bei dem Flötisten der Sächsischen Hofkapelle, Johann Joachim Quantz, erhalten, dem er schon bei seinem ersten Besuch in Dresden vorgespielt hatte. Sie waren sich auch danach begegnet. Er kam, obwohl bei August von Polen unter Vertrag, auf Einladung mehrmals nach Berlin und Ruppin und wurde schließlich für ein fürstliches Honorar fest angestellt. Dieser begabte Mann schrieb ihm fast 500 Sonaten und korrigierte die Kompositionen seines Schülers, darunter auch sinfonische Konzerte. Als ständigen Begleiter gewann Friedrich später Philipp Emanuel Bach aus Frankfurt/Oder, der mit ihm musizierte, die Brüder Johann Gottlieb und Karl Heinrich Graun, sehr vielseitige Musiker, ebenfalls Komponisten und Kapellmeister, Geiger und Sänger und schließlich Franz Benda, der als Geiger und Konzertmeister, als Komponist von Bedeutung, der Hofkapelle über lange Jahre diente, ebenso wie sein Bruder. Es ist anzunehmen, daß auch Fredersdorff mitspielte, der als Oboist seit Küstrin dabei war.

Obwohl der wunderbare Konzertsaal, einer der schönsten in Norddeutschland, die festliche Stimmung eines Konzertabends betonen mochte, so waren die meist jungen Musikanten alle fähig, locker zu improvisieren und mit allen zu singen.

Mit dem bedeutenden Porträtisten und Genremaler Antoine Pesne hatte er nicht nur einen begabten Maler in seiner Runde, sondern zugleich eine zahlreiche Schar von Pesnes Verwandten, die allesamt malen konnten. Seine Töchterschar mag das Herz so manchen Kavaliers erfreut und die bunte Gesellschaft bereichert haben. Pesne spielte auch die Rolle des Vermittlers, wenn die Ansprüche Friedrichs und Knobelsdorffs zu weit auseinander gingen. Er war immerhin fast sechzig Jahre alt und lange bei Hof und hatte Wilhelmine und Friedrich schon als Kleinkinder gemalt und genoß von daher eine selbstverständliche Autorität. Zusammen mit den Bauleuten und Spezialisten für Plastiken und Ornamente bestimmte er ganz wesentlich, was man den „Geist von Rheinsberg" genannt hat. Seine Deckengemälde haben die Leichtigkeit der damaligen Lebensauffassung sehr schön widergegeben. Bei seiner Gestaltung der griechischen Mythologie versteht man, wie die lebensvolle Welt der alten Götter in französischer Umformung und Übersetzung in das märkische Land kam und hier eine bis dahin nur zaghaft entwickelte Kultur beflügelte.

Antoine Pesne (1751)
Selbstbildnis

Carl Heinrich Graun

Johann Joachim Quantz
Zeichnung von J. H. C. Franke

Franz Benda
Kupferstich von Ickert

Carl Philipp Emanuel Bach
Pastell von Johann Philipp Bach

Der Damenhof

Der Kronprinzessin Elisabeth Christine waren zwei Hofdamen beigegeben, geleitet von der Oberhofmeisterin, Christine Elisabeth von Katsch, der Witwe des Etatministers, die zugleich auch als Anstandsdame fungierte. Sie wird als achtbar beschrieben, „in ihrem Antlitz paaren sich Ernst und Sanftmut, Anstand und Frohsinn, Würde und Höflichkeit", sie sei die Beschützerin aller anständigen Leute.

Der Oberhofmeisterin stand Fräulein Anna Elisabeth Auguste von Schack zur Seite. Diese sei nicht gerade schön zu nennen, jedoch auch nicht abstoßend: „Rosen und Lilien sind nicht über ihre Haut gestreut, aber sie ist gut gebaut, hat gutgeschnittene Hände und sehr schöne Füße. Sie wissen ja, daß die Damen sich darauf verstehen, ihre Vorzüge zur Geltung zu bringen. Selbst wenn sie nichts Schönes hätten als den Ohrzipfel, würde sie noch versuchen ihn hervorzuheben. Sie können sich also denken, daß Frl. von Schacks Füße nicht stets unter einem bis zum Boden reichenden Reifrock eingekerkert bleiben. Nein, sie sind mehr als einmal meinen verwegenen Blicken ausgesetzt gewesen, und ich fand sie des Tageslichts würdig. Im übrigen gehören sie einer Dame von liebenswürdigem Charakter, die zwar nicht mehr im ersten Lenze steht, aber höchst aufgeräumt und gescheit ist." So schwärmt Bielfeld, der Beobachter aus Hamburg. Und die andere Hofdame beschreibt er wie folgt:

„Ihre Gefährtin, Frl. Juliane Dorothea Friederike von Wallmoden, ist groß und gut gewachsen, eher hübsch als von regelmäßiger Schönheit; ihr Gesicht gefällt, ohne aufzufallen. Sie hat einen schönen Teint und freundliche Augen, ist blond, aber nicht fade. Ihr Wesen ist sanft, ihre Höflichkeit natürlich. Ich glaube, sie wird eines Tages eine treffliche Frau und sehr gute Mutter sein, denn sie besitzt viele sehr schätzenswerte Eigenschaften."

Die jungen Frauen, deren Kreis von Damen aus Berlin ergänzt wurde, waren sicher eine Bereicherung der traditionell bestimmten Männerwelt, und alle drei ständigen Begleiterinnen waren der zukünftigen Königin beratend und selbstlos verbunden.

Doch nicht immer ging es züchtig und zurückhaltend zu. Bielfeld kennt die internen Sitten wohl noch nicht so gut, so daß er eines Tages überrascht wird von einem nicht besonders harmonischen Abend, der allerdings ganz harmlos anfing. War die Oberhofmeisterin vielleicht an diesem Tag nicht anwesend?

Die Götterwesen, die verliebten Putten, die Blumengirlanden, das Bacchuskabinett, die Tafelfreuden des Götterhimmels – das und mehr erwecken den Eindruck, daß die prickelnde Erotik kein fremder Zustand für die Freundesgesellschaft gewesen sein dürfte. Ganymed trägt die Gesichtszüge Friedrichs. Er überreicht der Venus, die für seine Frau Elisabeth Christine anzusehen ist, die goldene Schale. Ein Amor schaut zu, wenn Diana die Nächte der Liebe und des Weins bereithält. Der Satyr, dem die Götter auf dem Olymp zusehen, lächelt verstehend. Der preußische Adler trägt auf seinen Schwingen den Königssohn als Liebling der Götter empor – Ausdruck glückhafter Familienpolitik? Es war doch mehr Wunsch als Realität, wie sich später zeigen wird.

Gefeiert wurde jedenfalls heftig, wie unser Berichterstatter weiter zu vermelden weiß: „Der Kronprinz war bei der Tafel ungewöhnlich heiter; dies ging auf die ganze Tischgesellschaft über. Einige Gläser Champagner brachten unseren Witz in Bewegung. Der Prinz fand, daß uns der kleine Rausch nicht übel stehe und sagte, er sei willens, es den Abend da wieder anzufangen, wo er es den Mittag gelassen habe. Gegen Abend wurde ich zum Konzert gerufen. Beim Beschluß befahl mir der Prinz, zur Prinzessin zu gehen, bis ihre Partie beendet sein würde. Nach diesem fügte er hinzu: ‚Wollen wir uns zur Tafel setzen und trinken, bis die Kerzen niedergebrannt sind.‘ Ich nahm die Drohung für Scherz, da ich weiß, daß der Prinz Freu-

Kronprinzessin Elisabeth Christine (1738)
Selbstbildnis als Schäferin

de dieser Art nicht liebt. Als ich aber zur Prinzessin kam, versicherte sie mir lachend das Gegenteil und meinte, diesmal werde ich meinem Schicksal nicht entgehen.

Wirklich hatten wir uns kaum zum Abendessen niedergesetzt, als der Kronprinz viele Gesundheiten ausbrachte, auf welche man Bescheid tun mußte. Die Heiterkeit steigerte sich von einem Augenblick zum anderen, und die Damen selbst nahmen teil daran. Aller Zwang hörte auf; einige Herren gingen in das Vorzimmer, um frische Luft zu schöpfen. Ich war unter der Zahl. Beim Hinausgehen war ich noch ziemlich wohl, aber die Luft hatte mich umnebelt. Ein großes Glas Wasser stand vor mir auf dem Tische. Die Prinzessin hatte es während meiner Abwesenheit mit Sillery-Champagner, von dem man den Schaum abblies, vertauschen lassen. Da ich nun nicht mehr recht wußte, was ich trank, so vermischte ich Wein mit Wein, und um mir vollends den Rest zu geben, befahl mir der Prinz, mich ihm zur Seite zu setzen. Er sprach von seinen gnädigen Absichten auf mich und ließ mich ein Glas Lünel (süßer Muskateller) nach dem anderen leeren. Jeder war ungefähr in meinem Zustande, man überschüttete die Damen mit Lob und Zärtlichkeit. Endlich zerbrach die Kronprinzessin, zufällig oder absichtlich, ein Glas. Dies war gleichsam die Losung zur ausgelassensten Freude und schien uns der Nachahmung würdig. In einem Augenblick flogen die Gläser in alle Winkel des Saales, und Krystall, Porzellan, Schalen, Spiegel, Leuchter und Tafelgerät wurde in tausend Stücke zerschlagen. Mitten unter diesem Greuel der Verwüstung war der Prinz der einzige, der auf die Trümmer mit heiterem, ruhigem Auge herabsah, als sich aber der sichtbare Jubel zu einem vollständigen Tumult umgestaltete, so zog er sich in sein Zimmer zurück. Die Prinzessin verschwand in demselben Augenblick.

Ich war so unglücklich, nicht einen Bedienten zu finden, der sich meiner Hilflosigkeit erbarmt hätte. Ich kam also tappend der großen Treppe zu nah und stürzte von oben hinab, worauf ich an der letzten Stufe besinnungslos liegen blieb.

Wahrscheinlich wäre ich umgekommen, wenn nicht eine alte Magd mein Schutzengel geworden wäre. Zufällig kam sie an den Ort, und da sie mich im Finstern für den großen Schloßpudel hielt, so belegte sie mich mit einem nicht sehr schmeichelhaften Namen und gab mir einen tüchtigen Fußtritt. Da sie aber endlich merkte, daß ich ein Mensch und sogar ein junger Hofkavalier war, so öffnete sich ihr Herz milderen Gefühlen. Sie lief nach Hilfe, meine Leute eilten herbei, man brachte mich zu Bett, holte den Wundarzt, öffnete mir eine Ader, verband meine Wunden und brachte mich endlich zu mir selbst. Den Morgen darauf sprach man von dem Trepanieren (einer Knochenoperation), allein diese Furcht war unbegründet gewesen. Ich mußte bloß 14 Tage das Bett hüten, in welcher Zeit der Prinz Gnade hatte, mich täglich zu besuchen und, soviel er konnte, zu meiner Wiederherstellung beizutragen.

Den Morgen nach meinem Mißgeschick war das ganze Schloß zum Sterben krank. Weder der Prinz, noch einer seiner Kavaliere konnte sichtbar werden, und die Prinzessin befand sich ohne Herren an der Mittagstafel. Ich habe viel an meinen Quetschungen gelitten und vollkommen Zeit gehabt, manche moralische Betrachtung anzustellen. Man wird in Rheinsberg noch lange an diesen Tag denken, der glücklicherweise wenig Brüder zählt, da der Kronprinz durchaus kein Trinker ist. Er opfert nur dem Apoll und den Musen, und vielleicht kommt einst ein Tag, wo er auch dem Kriegsgotte Altäre erbaut. Obgleich ich noch eine schwarze Binde um die Stirn trage, so fange ich doch wieder an auszugehen, und um mich zu zerstreuen, hat man mich gestern mit nach Zechlin auf die Glashütte genommen. Sie ist nur eine kleine Meile von hier, man fährt auf einem durch das Holz gehauenen Wege dahin. Zechlin liegt romantisch, es werden dort sehr schöne, künstlich geschliffene und im Feuer vergoldete Gläser gemacht. Man hat es hier im Lande in der Glasfabrikation weiter als in England gebracht und arbeitet in diesem Augenblicke an einem großen Deckelpokal, welcher vom Kurfürsten von Köln bestellt ist und wenigstens 100 Louisdor kosten wird."

Der Schaden konnte bald ersetzt werden, die Zechliner Hütte war auf Gläser spezialisiert. Im übrigen waren Orgien dieser nachhaltigen Art wohl die Ausnahme. Friedrich „durchaus kein Trinker", befaßte sich mit wichtigeren Projekten. Er ersann ein Elaborat gegen die Thesen Machiavellis.

„Antimachiavell“

Es war gut 200 Jahre her, als in Italien das Werk eines Mannes erschien, der in seinem politischen Leben alle Höhen und Tiefen durchlaufen hatte, Niccolo Machiavelli. Der Florentiner Staatsmann hatte verschiedenen Herren gedient: Zunächst den Medici und nach deren Vertreibung Girolamo Savonarola, von dem er aber nichts hielt, weil dieser seine weltliche Politik mit einem geistlichen Gewand umgab. Nach dessen Tod auf dem Scheiterhaufen wählte die Signoria (Versammlung der Stadtoberen) ihn zum Sekretär und später Vorsitzenden des Rates der Zehn, ihres innen- und außenpolitischen Organs. Durch diese Tätigkeit lernte er bereits in jungen Jahren europäische Politiker kennen und erkannte dabei, daß es bei allen Aktivitäten der Staaten ausschließlich um den Erhalt der Macht ging.

In seiner Schrift „Der Fürst“ (Il Principe), die allerdings erst nach seinem Tod mit sensationellem Erfolg erschien, legt er seine staatstheoretischen Ansichten dar und beschäftigt sich vor allem mit dem Verhältnis zwischen Fürsten und Volk. Wenn der Herrscher die Macht erhalten wolle, müsse er sich an bestimmte Regeln halten. Er dürfe sich nicht am Vermögen seiner Untertanen, der Habe seiner Mitbürger bereichern und sich nicht an deren Frauen vergehen. „Und sie werden ihm dann immer treu und ergeben sein“, denn sie hätten den Staat nötig, sie seien auf ihn angewiesen. Machiavelli war durchaus kein Fürstenknecht, sondern Bürger eines Stadtstaates, dem er weiterhin dienen wollte, auch nach der Rückkehr der Medici. Doch sie lohnen es ihm schlecht. Durch Verleumdung kommt er in den Kerker und wird sogar gefoltert.

Seine Hinweise für die Regierung sind im Grunde volksfreundlich. Er strebt das Gleichgewicht zwischen oben und unten an, damit das Leben der Bürger friedlich und gerecht verlaufen kann: „Ferner muß ein Fürst immer der Tüchtigkeit zugetan sein und die Hervorragenden jedes Faches belohnen. Er soll seine Bürger anregen, ruhig ihrer Beschäftigung im Handel, in der Landwirtschaft und jedem anderen Gewerbe nachzugehen, damit sich nicht der eine davor scheut, seine Besitzungen zu erweitern, aus Angst, sie könnten ihm weggenommen werden, und der andere, einen Handel aufzumachen, aus Furcht vor den Steuern; sondern er muß Auszeichnungen für die bereitstellen, die so etwas tun wollen und auf irgendeine Weise ihre Stadt oder den Staat bereichern."

In einem Kapitel spricht der Autor vom „Volksfürsten" und mahnt: „Denn das Ziel des Volkes ist viel sittlicher als das der Großen: diese wollen unterdrücken und jenes nur nicht unterdrückt werden." Am liebsten ist ihm ein vom Volk erhobener Fürst, dieser wüßte, wem er seine hohe Stellung zu verdanken habe und würde sich entsprechend verhalten.

Die ganze Schrift ist voller Ratschläge für Fürsten und wurde daher überall bei der Prinzenerziehung herangezogen. Jeder, der danach an die Macht kam, hatte sie sicher gelesen oder war mit ihr vertraut gemacht worden. Schon wegen ihrer klaren Gliederung und Sprache war sie als Lehrbuch wie geschaffen. Auch Friedrich, der sich in den Rheinsberger Jahren vor allem mit der Innenpolitik beschäftigte und dabei auf die Frage stieß, wie seine Regierung auszusehen habe, mußte sich zwangsläufig an dem Florentiner reiben, und er war bei weitem nicht der einzige. Allerdings übersah er, daß die Schrift vor 200 Jahren zum erstenmal erschien und von einem anderen Standpunkt aus geschrieben worden war. Machiavelli trennt scharf die Moral von der Politik, beides hat für ihn nichts miteinander zu tun, es kommt allein auf den Erfolg an.

Die absoluten Herrscher aber hatten das Gleichgewicht in der Regel nicht herbeigeführt, sondern willkürlich regiert und damit die Übereinstimmung zwischen Volk und Fürsten nicht hergestellt. Daher war inzwischen eine umfangreiche kritische Literatur der Frühaufklärung über das Verhalten der Fürsten erschienen, die mahnte und von den Monarchen erwartete, daß sie die gesellschaftlichen Zustände verbesserten. Das eben war zu dieser Zeit auch der Standpunkt des Kronprinzen, er wollte seinem Volk ein guter und gerechter Herrscher sein und es glücklich machen, wie er vielmals äußerte. Und mit dieser Elle mißt er seinen Widerpart Machiavelli und demontiert dessen Thesen Schritt für Schritt. Er meinte es an der Schwelle seiner neuen, großen Aufgabe ernst damit, die Unterdrückung der Untertanen zu erleichtern, vielleicht gar zu beseitigen. Er geht vom Ideal der Frühaufklärung aus und will den einzelnen in seiner Subjektivität beachten.

Während Machiavelli die Politik streng von der Moral trennt, stellt sich Friedrich auf den Standpunkt vom guten Herrscher, der wie in der Urzeit der Menschheit durch einen Gesellschaftsvertrag mit dem Volk verbunden und ihm verpflichtet sei. Sein Idealbild ist das eines aufgeklärten Fürsten, der die notwendigen Veränderungen in seinem Staat aus eigenem Antrieb vornehmen werde. Er verließ damit die Idee der europäischen Herrscher vom Gottesgnadentum. Allerdings ging er nicht soweit, die Volkssouveränität anzuerkennen, sollte sich der Herrscher eines Mißbrauchs der Macht schuldig machen. Er blieb Anhänger des „Erbreichs" mit der Begründung, die Mornachie sei leichter zu regieren, am besten durch den absoluten Herrscher selbst. Und so hat er sich als König auch verhalten: „Alles, was nur irgend für den Staat von Wichtigkeit sein kann, geht durch ihre Hand."

Voltaire bekommt ein Exemplar des „Antimachiavell" mit der Bitte, die polemische Schrift durchzusehen und einen Verleger zu suchen. Friedrich war sich der Schärfe seiner Thesen durchaus bewußt. Er rechnete damit, daß die Fürsten ihm die Gardinenpredigt übel nehmen würden und spricht sie in den letzten, etwas hochmütig geratenen Worten direkt an:

„Es ist mein Ziel, aufrichtig und ohne Schmeicheleien einzig und allein der Wahrheit die Ehre zu geben. Die Hochschätzung, welche ich den zur Zeit herrschenden Fürsten entgegenbringe, läßt mich annehmen, daß sie würdig sind, die

Wahrheit zu vernehmen. Nur einem Tyberius, einem Borgia, Ungeheuern und Tyrannen müßte man sie verbergen, da sie allzu hart ihren Verbrechen und Missetaten ins Antlitz schlügen. Dem Himmel sei Dank, daß sich kein solch Unhold unter den Fürsten Europas findet. Aber wie sie, so wissen auch wir, daß sie nicht über menschliche Schwächen erhaben sind, und deshalb bedeutet es das höchste Lob, wenn man sagen kann, ich wage kühnlich vor ihnen alle königlichen Verbrechen zu schmähen, alles zu tadeln, was der Gerechtigkeit und Menschlichkeit widerspricht."

Die Schrift erscheint, als er bereits König ist, einen Krieg begonnen hat und nun nicht mehr beweisen kann, wie er seine Theorie umsetzen will. Daher zieht er seinen Namen zurück, das Werk erscheint anonym. Jedoch hatte er bereits in den ersten Tagen seiner Regierung begonnen, die Lage seiner Untertanen zu verbessern. Er verlangte von den Militärs, die Prügelstrafe für die Soldaten einzustellen, schaffte, mit Ausnahme bei Staatsverbrechen, die Todesstrafe ab, verringerte die Privilegien und die Zensur und stellte über alle und alles die Pflichterfüllung am Vaterland. Er selbst bezeichnete sich als ersten Diener seines Staates, so hatte seine Beschäftigung mit Machiavelli einen gewissen Erfolg erzielt. Größere Reformen standen noch bevor, darunter auch die des Rechtswesens.

Am 31. Mai 1740 starb Friedrich Wilhelm I. „Nun haben die Possen ein Ende", sagte Friedrich zu seinem Vertrauten Fredersdorff und stürzte sich in das politische Leben, das ihn auch bald in ungeahnte Konflikte führen sollte. Mitten im Siebenjährigen Krieg übernachtete er in Dobrilugk, im Jagdschloß des Königs von Polen. Er unterhielt sich über den schönen Ort mit seinem Vorleser Henri de Catt und beschreibt das Leben, das er hier friedlich führen würde, ein behagliches „philosophisches Leben" mit sechs Freunden und 80000 Talern. Und er kommt auf seine Zeit in Rheinsberg, die ihm vor Augen steht, zu sprechen, in der er vier kurze Jahre glücklich gewesen sei.

Kahnpartie des Kronprinzen Friedrich in Rheinsberg
Ölgemälde von Theobald von Öer (1858)

Anhang

Order des Königs Friedrich Wilhelm I. an das Generaldirektorium vom 30. Juni 1734

Seine Königliche Majestät in Preußen, Unser allergnädigster Herr seind in Erfahrung gekommen, daß die Stadt Rheinsberg in einem schlechten Zustand sey, dannenhero haben Sie allergnädigst resolviret (verfügt), daß vors erste die Haupt-Straße vor dem Thore, wann man von Ruppin kömmt, vor dem Chron-Printzlichen Vorwerke herdurch bis nach Gransee-Thore und zugleich der Markt gepflastert werden soll, welches nach dem Krieges-Rath Wittich seinen ohngefährlichen Anschlage incl. der Fuhren 950 Taler kosten würde, dazu Sie 500 Rthl. aus der Albrechtschen Casse allergnädigst accordiret (beigesteuert) haben, weil die Steine alda umsonst zu bekommen, die Bürger auch die Fuhren ohnentgeltlich oder doch wenigstens gegen leidliche Bezahlung thun müssen, und kan vors erste nur der mittelste Damm gepflastert, und das Pflastern zu beyden Seiten vor denen Häußern zuletzt gemachet werden; da auch die Häußer sehr schlecht und mit Stroh und Schindeln gedecket, so sollen auf die Häußer der obbemeldten Straße zuerst nur Ziegel-Dächer gemacht und auswendig abgeputzet werden, und weil nach dem hierbey kommenden Aufsatz des Kriegs-Rathes Wittich die Baukosten sich überhaupt wohl auf 11 069 Taler betragen möchten, davon die procent-Gelder 2546 Thl. ausmachen, wollen Se. Königl. Majestät allergnädigst, daß gleichfalls aus der Albrechtschen Casse alljährlich 500 Thl. procent-Gelder dazu vorausbezahlet, und in diesem Jahre gleich der Anfang gemacht, folglich in fünf Jahren die gantze Stadt in beßrem Stand gesetzet werden soll:

Und da diese Stadt ein ganz gewißes zu der Ruppinschen Creyß-Casse jährlich an Contribution (Steuer) mit beitragen muß, welches aus der Accise gezahlt wird, so muß aus bemeldter Creyß-

Casse denen Einwohnern zu Rheinsberg gleichfalls zum Bau etwas Hülffe gegeben werden; Wann auch diese Stadt jetzo auch würklich nebst der Accise (Verbrauchsteuer) die Cavallerie-Gelder entrichten muß, wodurch selbige vor anderen Städten graviret (belastet) wird, so sollen diese Cavallerie-Gelder künftig gleichfalls aus der Accise vergütet werden, hingegen aber muß die Aufnahme dieser Stadt auf aller Art und Weise befördert werden, damit dadurch der Abgang aus der Accise wieder ersetzt werde.

Ferner ist auch nötig, auf ein Mittel zu denken, wie die Einwohner dieser Stadt von dem Dienst-Gelde und Natural-Diensten, so sie an das nunmehrige Chron-Printzliche Amt Rheinsberg leisten müssen, auf eine solche Art befreyet werden, daß dadurch dem Amte an den Revenuen (Einkünften) nichts abgehe, und weil dazu in Vorschlag gekommen, daß des Chron-Printzen Hoheit gegen Erlassung der Dienste und des Dienstgeldes die Stadt- und Bürgerheide und Holtzung abgetreten werden, zumahlen da solche bisher von der Bürgerschaft wenig genutzet werden, Se. Königl. Hoheit aggreiren (zusammenfassen), so soll dieses wohl untersuchet und hernachmals ein Recess (Vergleich) zwischen des Chron-Printzen Königl. Hoheit und der Stadt darüber gefertigt, und kann denen Bürgern das nöthige Bau-Holtz, auch etwas Mastung und Brennholtz reserviert werden. Gleichwie die Stadt Rheinsberg auf solche Weise in einen weit beßren Zustand kommen kann, zumahlen, wenn der Commissarius loci (Ortsvorsteher) sich Mühe anthut, und allerley Fabricanten dahin ziehet, indem die Stadt gut situiret (in guten Verhältnissen) ist.

Also befehlen Se. Königl. Majestät Dero General-Ober-Finantz-Kriegs- und Domainen-Directorio hiedurch in Gnaden, dieserhalb das nöthige zu verfügen.

Berlin, den 30 Juny 1734 *Fr. Wilhelm*

Dieses Muster preußischer Bürokratie gibt zugleich Einblick in die Art, wie Finanzen günstig und sparsam eingesetzt werden konnten. Bereits nach sieben Wochen berichtet das Generaldirektorium über die geplanten Maßnahmen, und weitere vier Wochen später verfügt der Friedrich Wilhelm I. eine Reihe weiterer Anweisungen zur Stärkung der Wirtschaft und der günstigen Bedingungen für die Ansiedlung von Unternehmen. Er will Wollarbeiter und Handwerker anwerben und richtet beim Steuerbeamten, er auch Kredit gewähren kann, ein Lager für 20 Zentner Wolle ein. Dazu sechs Jahre Abgabenfreiheit, kein Militärdienst, freies Bürger- und Meisterrecht für Handwerk und Gewerbe. Er heißt die Ausgaben, die Kemmeter für die Pflasterung bestimmt hat (11 Groschen pro Ruthe) gut, ebenfalls die Fuhrkosten für das Fuder Steine (1 Groschen und 6 Pfennige) und Sand (9 Pf.). Der Hausbau soll beschleunigt werden, dafür gibt es Förderung wie auch für den Neubau bei Brandschäden.

Im Rahmen dieses „Fünf-Jahres-Plans“ förderte der König auch die wirtschaftliche Entwicklung der Stadt. Wie die Innungsladen der Jahre 1734/35 ausweisen, erteilte er Handwerksprivilegien an die Garnweber, Zimmerer, Tischler, Stellmacher, Maurer, Schneider, Böttcher, Schuhmacher, Bäcker und Schmiede. Hierdurch bot sich den jetzt auch von den üblichen Herrschaftsdiensten befreiten Einwohnern endlich die Hoffnung auf einen ausreichenden Lebensunterhalt.

Die Sage vom Remusberg

Im Briefwechsel Friedrichs mit Voltaire verwendet er ab November 1736 statt Rheinsberg die Ortsbezeichnung „Remusberg“. In ironischer Weise zitiert er eine Sage, die berichtet, daß einer der Gründer Roms in diese Gegend verschlagen worden sein soll. In einer Fassung von 1778 lautet sie wie folgt:

Mitten im See erhebt sich ein Berg, auf dessen Gipfel ein chinesisches Haus erbauet ist (1771), welches man in der Entfernung nur dunkel wahrnimmt. Dieses ist die sogenannte Remus-Insel, von welcher fast schon vor 200 Jahren ein Gelehrter (der Rostocker Professor Lubin) eine Abhandlung schrieb, worin er beweisen wollte, daß der Bruder von Romolus, nachdem er Rom hatte verlassen müssen, die Gegend dieser Insel den Ufern des Tyber gleich geschätzt und deshalb hier seinen Aufenthalt genommen, ja selbst auch seine Grabstätte hier gefunden hätte. Er hat dieses aus einem auf dieser Insel gefundenen Stein beweisen wollen, und solches für die Ursache gehalten, weshalb die Insel den Namen Remus-Insel oder Remus-Berg bekommen haben soll. Ohne Rücksicht auf den Grund oder Ungrund dieser Nachricht zu nehmen, so hat diese Insel eine so angenehme Lage, daß sie verdient hat zum Vergnügen genutzt und bequem gemacht zu werden.

In seinem Brief vom 7. April 1737 schreibt Friedrich an Voltaire über das gleiche Thema eine Fassung, die alle Varianten miteinander vermischt:

Was die Frühzeit der römischen Geschichte angeht, so bin ich aus einem Grund, der sie verblüffen wird, an einer Klärung interessiert. Um Ihnen das zu erläutern, bin ich gezwungen, eine Kleinigkeit zu erwähnen, die ich in aller Kürze darlegen möchte. Vor etlichen Jahren entdeckte man im Vatikan eine Handschrift mit der Geschichte Romolus und Remus, ganz anders erzählt, als wir sie kennen. Diese Handschrift legt dar, daß Remus der Verfolgung durch seinen Bruder entkam und sich in die nördlichen Provin-

zen Germaniens, an die Gestade der Elbe flüchtete, um vor der eifersüchtigen Raserei in Sicherheit zu sein, daß er dort an einem großen See eine Stadt baute; und daß er nach seinem Tod auf einer Insel begraben wurde, die wie ein Berg aus dem See aufragt.

Vor vier Jahren waren nun im Auftrage des Papstes zwei Mönche hier, um die Siedlung, die Remus gegründet hatte, auszukundschaften. Nach der Beschreibung, die ich eben gab, befanden sie, daß es Remusberg, was Mons Remus bedeutet, sein mußte. Um die Gebeine des Remus zu finden, haben die braven Patres die Insel von einem Ende zum andern umwühlen lassen, um die sterblichen Überreste des Remus aufzuspüren. Sei's daß sie nicht sorgfältig genug einbalsamiert waren, sei's, daß die Zeit, die alles zerstört, sie in Staub und Asche verwandelt hat, Tatsache ist, daß man nichts fand.

Eine auch nicht besser verbürgte Überlieferung besagt, daß vor hundert Jahren, als der Grundstein zu diesem Schloß gelegt wurde, zwei Steine zum Vorschein kamen, in welche die Sage vom Geierflug geritzt war. Wenngleich die Zeichen stark verwittert waren, ließ sich doch dies und das erkennen. Unsere gotischen Vorfahren, die leider höchst unwissend und an Altertümern uninteressiert waren, versäumten es, diese kostbaren Geschichtsmonumente für uns zu bewahren und ließen uns somit in dunkler Ungewißheit über eine derartige Begebenheit.

Als vor drei Jahren die Erde im Park umgegraben wurde, fanden sich eine Urne und römische Münzen, die aber so uralt waren, daß die Prägung mehr oder weniger verschwunden war. Ich habe sie Monsieur de la Croze geschickt. Er schätzte ihr Alter auf möglicherweise siebzehn- bis achtzehnhundert Jahre.

Ich hoffe, Monsieur, daß Sie mir für die Anekdote, die ich Ihnen erzählt habe, Dank wissen und daß Sie mein Interesse für alles, was die Geschichte eines der Gründer Roms betrifft, dessen Asche ich in meinem Besitz vermute, entschuldigen. Übrigens werfe mir niemand zu große Leichtgläubigkeit vor…

Zeitgenössische Beschreibungen von Rheinsberg

Es folgen einige Passagen aus „Beschreibung des Lustschlosses und Gartens Sr. Königl. Hoheit des Prinzen Heinrichs, Bruder des Königs, zu Reinsberg, wie auch der Stadt und der Gegend um dieselbe. Mit Königl. Preuß. allergnädigster Freyheit bey Friedrich Nicolai, Buchhändler unter der Stechbahn, Berlin 1778“:

Die Geschichte der Herrschaft Rheinsbergs

Das älteste Dokument, welches mir zu Händen gekommen, ist über 400 Jahre alt. Es ist ein Schreiben, in welchem die Grafen von Lindow und Ruppin, Gebrüder Günther und Albrecht, den Rheinsbergischen Geistlichen den Zoll entlassen. Darin wird Rheinsberg genannt: civitas nostra Rynesbergh, und die Kirche, Ecclesia parochalis. Das Schreiben ist datiret In Castro. Rupp. A. D. 1368. Feria V. proxime ante festum beati Johannis Baptistae.

1635 den 14. April ist Reinsberg nebst dem Kirchturm fast gänzlich abgebrannt. Ein Chronodistichon, welches an einem Pfeiler der Kirche mit rothen Buchstaben eingebrannt ist, saget dieses: 1675 stand der Schwedische Reichsfeldherr Wrangel mit einem Corps in und bey der Stadt, bey welcher Gelegenheit sie den 9ten Juni abbrannte, daß nur 7 Häuser nebst der Kirche stehen blieben.

Der älteste adeliche Besitzer von Reinsberg, den ich in den vorhandenen Documenten habe auffinden können, war ein Achim von Platen. Als dieser ohne männliche Erben starb, heyrathete Berend von Bredow des Verstorbenen Tochter, Anna von Platen, und wurde von den Gebrüdern Hans und Jacob, Grafen zu Lindow und Ruppin mit das Hauß, Stadt, Schlodt und Land Rinsberge 1465 belehnet; jedoch steht im Lehnbrief ausdrücklich: nach Willen und Rade des Hochgebohrnen Fürsten und Herrn Frideriks Markgrafen to Brandenburg. 1502 besaß Reinsberg Achim von Bredow, und da die Grafen zu Lindow ausstarben, empfing derselbe 1524 die Belehnung vom Churfürst Joachim über Reinsberg.

Nach ihm folgte Jobst von Bredow, der 1539 starb; ferner Achim von Bredow, der 1594 starb, von welchem sein Sohn Jobst von Bredow Reinsberg erbte und der es 1618 an Cuno von Lochow verkaufte. Die Lehnsträger von Lochow starben aus, und das Lehen fiel 1685 an Churfürst Friedrich Wilhelm. Der Churfürst schenkte es dem Generalmajor von der Cavalerie, du Hamel, der es mit Erlaubnis des Churfürsten noch dasselbige 1685te Jahr an den Hofrath Benjamin Chevenix de Beville verkaufte. 1701 kaufte Reinsberg vom bedachtem de Beville ein gewisser Jeremias Hermann, aus Dessau gebürtig, der es nicht länger als bis 1715 behielt, da es gedachter Hofrath de Beville wieder käuflich an sich brachte, von dessen Sohn, dem Oberstlieutenant Heinrich de Beville, kaufte es 1733 der Kronprinz, und als jetzt regierender König schenkte es Se. Majestät 1744 Dero Hrn. Bruder des Prinzen Heinrich Königl. Hoheit.

Die Ländereien der Herrschaft

Zu den herrschaftlichen Gütern gehört das Vorwerk vor dem Scheunenthor bey Reinsberg, auf der Morgenseite die Köpernitzsche Forst, das Amt Köpernitz, die Dörffer Heinrichsdorf und Sonnenberg bei Gransee; auf der Mitternachtseite der Stadt die Junkerheyde und das Vorwerk Schlaborn; auf der Abendseite das Holz, der Lobero genannt, nebst dem daran stoßenden Vorwerk Werentin und der Forst dieses Namens, nebst einem Theil des sogenannten Reyherholtzes, (welches 1776 für das Forst und Vorwerk Glimcke von dem Königl. Amte ist eingetauscht worden). Auf der Mittagsseite gehöret die Forst, die Hellberge genannt, und das Vorwerk Möckern, wie auch das daran stoßende Holz zu dem Hause Reinsberg, wozu noch einige Theeröfen und zwey Wassermühlen, die eine am kleinen, die andere am großen Rhin, nebst 22 Seen gehören, alles dieses stehet jetzt unter der Prinzl. Cammer zu Berlin.

Eben so wie Reinsberg in den Zeiten seiner Durchlauchtigsten Besitzer an Schönheit zugenommen hat, so ist es auch zu einem innern höhern Grade des Wohlstandes gelanget. Den Bürgern, welche ehedem den Edelleuten Hofedienste thun mußten, erließ der Kronprinz bald nach seiner Besitznehmung von Reinsberg diese Dienste; hierdurch wurden die Bürger ungemein aufgeholfen und in Stand gesetzt ihren Acker besser zu bearbeiten, der sich ohne den Herrschaftlichen über eine 1/2 deutsche Quadrat Meile erstreckt. Der beständige Bau und die Anwesenheit eines zahlreichen Hofstaats zog viele Handwerker und Kaufleute nach Reinsberg, die sich daselbst häuslich niederließen, wodurch die Anzahl der Einwohner in Reinsberg sehr vermehrt wurde."

In den Jahren 1736–1740 lebten in der Stadt 709 Einwohner in 109 Häusern, 184 wurden geboren, 174 verstarben.

Seit 1599 war es erlaubt, jährlich zwei Jahrmärkte abzuhalten.

Der Hofstaat

Unter den Cavalieren und Hofstadt des Kronprinzen befanden sich damals der Hofmarschall von Wolden, welcher 1740 zu Rheinsberg starb, der Oberste Senning, der jetzige Generallieutenant von Buddenbrock, der als Generallieutenant verstorbene und damalige Oberste von Willig, der Rittmeister, Hr. von Chazot, der Oberste Keyserlingk und der Intendant Hr. von Knobelsdorff. Diese Herren wohnten sämmtlich in dem unteren Stockwerke des Schlosses. Der Hr. Geh. Rath Jordan, Lecteur und Bibliothekar des Kronprinzen, und der Hr. de Champ, Capellan Sr. Königl. Hoheit, wohneten außerhalb dem Schloß.

Die Hofkapelle

Die Kronprinzliche Kapelle bestand damals schon aus den geschicktesten Tonkünstlern. Die beyden Gebrüdere Graun, zwey Brüder Benda, Hr. Chart, Hr. Blume, Hr. Grunke spielten die Violine, Hr. Hock das Violoncell, Hr. Janisch das Lautenviolon, Hr. Petrini die Harfe, Hr. Baroni die Theorbe, Hr. Reich die Bratsche, Hr. Schaffrath den Flügel und zwey Waldhornisten, worunter Hr. Horgitzky war.

Treibhäuser

Nahe an die Ruinen im Garten stoßen die Treibhäuser, worin sowohl eine zahlreiche Orangerie, als auch verschiedene ausländische seltene Gewächse getrieben und aufbehalten werden. Rechts von diesen Häusern sind Spaliere mit Bäumen besetzt und Mauern, woran hinter Fenstern Früchte getrieben werden.

Der Baron von Knobelsdorff hat diese Treibhäuser schon 1740 unter dem Kronprinzen zu bauen angefangen.

Postverbindungen

Die Post kommt Montags Vormittags an und gehet alsdenn von hier nach Wittstock; dieselbige Post kommt Montags Abends um 11 Uhr wieder nach Rheinsberg zurück, und geht alsdann die, welche von Fehrbellin gekommen, wieder zurück und nimmt die Briefe und Reisenden mit nach Berlin. Zum zweyten mahl kommt sie Freytags Morgens um 3 Uhr an, gehet so, wie Montags nach Wittstock und kommt des Abends um 7 oder 8 Uhr in Rheinsberg zurück, von da sie wieder über Fehrbellin nach Berlin geht.

Berlin ist 10 Meilen von Rheinsberg entfernt. Die ordinaire Poststraße gehet von Berlin über Betzow, Fehrbellin und Neu-Ruppin. Ein etwas näherer Weg, den man mit Extrapost machen kann, gehet über Oranienburg und Griben nach Rheinsberg. Aus der Altmark und von Braunschweig kommt man über Kyritz nach Rheinsberg, welches vier Meilen entfernt ist; aus Hamburg und Mecklenburg über Wittstock, drei Meilen von Rheinsberg; aus Pommern über Zehdenick, drei Meilen von Rheinsberg, aus Sachsen über Brandenburg und Fehrbellin. Der jetzige Post- und Burgemeister heißet Hr. Hinten. Eben derselbe legte auch zu dieser Zeit eine Tapetenfarbrique an.

Zur Bequemlichkeit der Reisenden sind verschiedene Wirtshäuser in der Stadt, unter denen der sogenannte Keller vorzügliche Bequemlichkeiten hat.

Briefe Friedrichs an Voltaire

Der König beauftragte den Kronprinzen im Sommer 1739, also vor der Ernte, mit einer Inspektion des Landes Preußen (Ostpreußen). Er sieht sich vor große Probleme gestellt und berichtet dem großen Franzosen von seinen Eindrücken.

Insterburg, 27. Juli 1739

Mein lieber Freund, nach dreiwöchigem Anmarsch sind wir endlich in einem Land angekommen, das ich als das Nonplusultra der zivilisierten Welt betrachte. Es ist eine in Europa wenig bekannte Provinz, wenngleich sie bekannter zu sein verdiente, da sie als Schöpfung meines Vaters, des Königs, angesehen werden kann.

Preußisch-Litauen ist ein Herzogtum von dreißig deutschen Meilen Länge, zwanzig Breite, wenngleich es zum Samland hin schmäler wird. Zu Beginn unseres Jahrhunderts wurde diese Provinz von der Pest verheert, und mehr als dreihunderttausend Einwohner erlagen der Seuche und dem Elend. Der Hof, der von den Leiden des Volkes wußte, versäumte es, einer gesegneten und fruchtbaren, volkreichen und in jeder Weise üppigen Provinz zu helfen. Die Seuche raffte die Menschen hin; die Felder lagen brach und verwilderten. Auch der Viehbestand nahm bei der allgemeinen Not ab; kurzum, die blühendste unserer Provinzen verwandelte sich in die erschreckenste Einöde.

Darüber starb Friedrich I., und er wurde zu Grabe getragen, mitsamt seiner falschen Größe, die nur aus leerem Gepränge und dem Zurschaustellen pompöser und hohler Zeremonie bestand.

Mein Vater, der ihm auf dem Thron nachfolgte, war von dem allgemeinen Elend berührt. Er kam hierher, an Ort und Stelle, und sah mit eigenen Augen das weite verwüstete Land mit allen schrecklichen Spuren, die eine Seuche nach sich zieht, dem Hunger, der dumpfen Habsucht der Beamten. Zwölf oder fünfzehn entvölkerte Städte, vier- oder fünfhundert unbewohnte und verödete Flecken waren das traurige Schauspiel, das sich seinen Au-

gen bot. Durch solch gräßliche Zustände mitnichten entmutigt, empfand er lebhaftes Mitgefühl und beschloß, Menschen anzusiedeln, Handel und Wandel in einer Gegend, die ihr Gesicht verloren hatte, in Schwung zu bringen.

Seit jener Zeit scheut der König keine Kosten, um seine wohltätigen Absichten mit Erfolg zu krönen. Mit umsichtigen Maßnahmen ging er ans Werk; er baute wieder auf, was die Pest verheert hatte, und ließ aus allen Teilen Europas Tausende von Familien kommen. Land wurde urbar gemacht, die Bevölkerung nahm wieder zu, der Handel blühte neu auf, und nunmehr herrscht in dieser fruchtbaren Landschaft mehr Überfluß denn je.

Mehr als eine halbe Million Einwohner hat Litauen; es gibt jetzt mehr Städte, als es gab, mehr Vieh als früher, mehr Wohlstand und reichere Ernten als in jedem anderen Teile Deutschlands. Und was ich Ihnen hier jetzt berichte, ist einzig dem König zu danken, der nicht nur anordnete, sondern der Durchführung höchstselbst vorstand; der Pläne entwarf und der sie allein mit Leben erfüllte; der nicht Sorgen, nicht Mühen, nicht gewaltige Ausgaben, nicht Versprechungen, nicht Belohnungen scheute, um das Glück einer halben Million denkender Wesen zu sichern, die allein ihm ihre Glückseligkeit und ihr Zuhause verdanken.

Ich hoffe, diese Details verärgern Sie nicht. Ihre Menschlichkeit muß sich auf Ihre litauischen Brüder ebenso erstrecken wie auf Ihre französischen, englischen, deutschen etc. Brüder, und dies um so mehr, als ich zu meinem größten Erstaunen durch Dörfer gekommen bin, wo ich nur Französisch vernahm.

Ich habe etwas, doch weiß ich nicht genau was, Heroisches in der Großmut und in dem Fleiß entdeckt, womit der König diese Wüstenei bewohnt, fruchtbar und glücklich gemacht hat, und es schien mir, als würden Sie dasselbe empfinden, wenn Sie die Umstände dieses Wiederaufbaus erfahren.

Ich erwarte täglich aus Enghien Neuigkeiten von Ihnen. Ich hoffe, daß Sie sich dort vollkommener Ruhe erfreuen und daß der Ärger, dieser schwere und drückende Gott, Émiliens schützende Arme nicht zu durchbrechen wagt, um zu Ihnen vorzudringen.

Vergessen Sie mich nicht, mein lieber Freund, und seien Sie sicher, daß mein Fortreisen nur die Ungeduld steigert, Sie zu sehen und in die Arme zu schließen. Adieu. *Federic.*

Meine Komplimente an die Marquise und an den Herzog, welcher von Apoll dem Bacchus streitig gemacht wird.

Friedrichs „Antimachiavell" über den Charakter der Menschen und die richtige Regentschaft der Fürsten entsteht in engem Austausch mit Voltaire.

Berlin, 8. Januar 1739

Mein teurer Freund, es schmeichelte mir sehr, daß die Épître sur l'Humanité wegen der darin geäußerten Gefühle Ihre Anerkennung erringen konnte; aber ich hoffe zugleich, daß Sie die Güte haben, eine Kritik des poetischen Stils vorzunehmen.

Ich ersuche also den gewandten Philosophen, den großen Dichter, aus Freundschaft zu mir sich abermals zu erniedrigen und den gestrengen Grammatiker zu spielen. Ich werde nicht zögern, ein Werk umzuschreiben, das in seiner Substanz der Marquise gefallen konnte; an meiner Fügsamkeit, Ihren Korrekturen zu willfahren, erkennen Sie, welches Vergnügen es mir bereitet, besser zu werden.

Möge meine Épître sur l'Humanité Vorbote desjenigen Werkes sein, über das Sie selbst schon nachgedacht haben; reichlich belohnt würde ich mich fühlen, wenn mein Werk die Morgenröte des Ihrigen wäre. Folgen Sie dieser Fährte und fürchten Sie nicht, daß mißverstandene Eigenliebe mich meinen Hervorbringungen gegenüber blind machte. Die Menschlichkeit ist ein unerschöpfliches Sujet; ich habe Gedanken gestammelt, es ist an Ihnen, sie zu entwickeln.

Es scheint, als würde man in einem Gefühle bestärkt, sobald man sich alle dafür sprechenden Gründe durch den Kopf gehen läßt. Das bewog mich, dies Thema Menschlichkeit zu behandeln.

Sie ist, meiner Ansicht nach, die einzige Tugend, und sie sollte vor allem jenen Menschen eigen sein, die durch eine besondere Stellung vor aller Welt ausgezeichnet sind. Ein Herrscher, ob groß oder gering, ist als Mensch zu betrachten, dessen Pflicht es ist, menschliches Leid soweit zu lindern, wie es in seiner Macht steht; er gleicht dem Arzte, der heilt, wenn auch nicht von körperlichen Gebrechen, so doch seine Untertanen vom Unglück. Die Stimmen der Unglücklichen, das Stöhnen der Elenden, die Schreie der Unterdrückten müssen bis zu ihm dringen. Sei es aus Mitgefühl, sei es wegen eines gewissen Selbstwertgefühls, er hat von der traurigen Lage jener, deren Leiden er sieht, berührt zu sein; wenn nur sein Herz empfindsam ist, werden Unglückliche bei ihm alles Mitgefühl finden.

In der Beziehung zu seinem Volk ist der Fürst das, was bezüglich des mechanischen Aufbaus des Leibes das Herz ist. Aus allen Gliedmaßen empfängt er Blut und pumpt es in die Extremitäten zurück. Er empfängt die Treue und den Gehorsam seiner Untertanen, schenkt ihnen dafür Überfluß, Wohlstand, Ruhe, alles, was zum Wohle und Gedeihen der Gemeinschaft beitragen kann.

Dies sind, so scheint mir, Maximen, die den Herzen aller Menschen eingeboren sind; man spürt es, sobald man ein wenig nachdenkt, und es bedarf keiner umständlichen moralischen Unterweisung, um sie sich anzueignen. Ich meine, daß Mitgefühl und der Wunsch, einem hilfsbedürftigen Menschen Erleichterung zu verschaffen, den meisten Menschen innewohnende Tugenden sind. Wir stellen uns eigene Gebrechen und Leiden vor, wenn wir die anderer sehen, und bemühen uns ebensosehr zu helfen, wie wir es uns von anderen wünschten, wenn wir in ebendieser Not wären.

Für gewöhnlich sündigen Tyrannen, weil sie die Dinge unter einem einzigen Gesichtspunkt betrachten; sie betrachten die Welt einzig in bezug auf sich selbst, und ihre Herzen bleiben unempfänglich, weil sie zu hoch über gewissen gewöhnlichen Leiden stehen. Wenn sie ihre Untertanen unterjochen, wenn sie hart, wenn sie gewalttätig und grausam sind, dann deshalb, weil sie die Natur des Bösen, das sie anrichten, nicht erkennen, und weil sie selbst nie

Schlechtes erlitten, achten sie es für etwas allzu Geringfügiges. Menschen dieses Schlags sind nicht wie Mucius Scaevola, der alle Feuersqualen verspürte, als er vor Porsennas Augen seine Hand hineinhielt.

Mit einem Wort, alles Wirtschaften des Menschengeschlechts dient dazu, Menschlichkeit hervorzubringen; diese Ähnlichkeit bei fast allen Menschen, diese Gleichheit, dieses Aufeinanderangewiesensein der Menschen, ihre Nöte, die ihre Bedürfnisse eng verknoten, diese natürliche Neigung zum Gleichgearteten, unser Reden, das uns Menschlichkeit predigt, die gesamte Natur scheint zusammenzuwirken, um eine Schuld bei uns einzuklagen, die unser Glück hervorbringt, unser Leben jeden Tag neu versüßt.

Damit mehr als genug zur Moral, will mir scheinen. Ich vermeine Sie beim Lesen dieses schrecklichen Geschwätzes zweimal gähnen und die Marquise ungeduldig werden zu sehen. Sie hat wahrlich recht, denn über alles dies wissen Sie mehr als ich, und mehr noch, Sie leben es.

Bei uns hier ist alles zugefroren. Es ist ungewöhnlich kalt. Ich gehe überhaupt nicht mehr nach draußen und wenn, dann nur zitternd, daß mit irgendeinem Körpersaft auch das Wärmeprinzip in mir stocken könnte.

Ich bitte Sie, der Marquise auszurichten, daß ich sie herzlich darum ersuche, mir ein bißchen von dem Feuer zu schicken, das ihr Ingenium lodern läßt. Sie muß etwas davon übrig haben, und ich bräuchte es dringlich. Falls sie Eisstücke benötigt, um während sämtlicher Sommerhitzen Eiswasser zur Hand zu haben, verspreche ich ihr soviel davon, wie sie will.

Doctissimus Jourdanus hat die Abhandlung der Marquise noch nicht zu sehen bekommen; ich bin mit Ihren Gunstbezeugungen etwas knauserig. Es gibt sogar Leute, die mir vorhalten, dies bis zum Geiz zu Treiben. Jordan wird den Essai sur le Feu sehen, weil die Marquise dem zustimmt, und er selbst wird, wenn er mag, Ihnen mitteilen, wie dies Werk auf ihn wirkt. Vorweg kann ich Ihnen auf jeden Fall verprechen, daß wir alle hier keine Vorurteile kennen. Die Descartes', die Leibnizze, die Newtons, die Émilies sind für uns in dem Maße große Menschen, wie sie uns, entsprechend dem Jahrhundert, in dem sie lebten, bilden.

Wo es um Überzeugungskraft geht, wird die Marquise durch ihre Schönheit und ihr Geschlecht uns gegenüber im Vorteil sein.

Son esprit persuadera
Que le profond Newton en tout est véritable;
Mais son regard convainquera
D'une autre vérité plus claire et plus palpable;
En la voyant, on sentira
Tout ce que fait sentir un objet adorable.

(Ihr Geist wird erweisen,
Daß der tiefe Newton wahr in allem ist;
Ihr Blick wird überzeugen indes
Von anderer Wahrheit, klarer und faßlicher;
Sie erblickend, wird man fühlen
Alles, was etwas Anbetungswürdiges erfühlen läßt.)

Hätten die Grazien den Vorsitz in der Akademie, würden sie nicht versäumen, eigenhändig das Werk zu krönen. Es ist offenkundig, daß die Herren der Akademie, die allzusehr an Brauch und Sitte hängen, Neues nicht lieben, da sie Angst haben, sich mit dem zu befassen, was sie nur unvollkommen begreifen. Ich stelle mir ein betagtes Akademiemitglied vor, das, schon vergreist, nach einem Leben an der Kandare Descartes' eine neuartige Ansicht vor sich emporsteigen sieht. Dieser Mann hat die philosophischen Glaubensartikel am Schnürchen; er ist an seine Denkmethode gewöhnt, er ist mit ihr zufrieden, er möchte, daß alle Welt es sei. Was! soll man mit sechzig, mit siebzig Jahren wieder zum Schüler werden, der Schande preisgegeben sein, selber zu studieren, nachdem man so lange andere belehrt hat, und als die große Fackel, die man zu sein vermeint, zum schwachen Lichtlein werden oder gar völlig erlöschen! Das hat man nicht so gerne. Es ist einfacher, ein neues System zu verschreien, als tiefer in es einzudringen. Es zeigt sogar heldische Festigkeit, sich allem Neuen entgegenzustemmen und vorgefaßte Meinungen zu verteidigen. Jeder Geistesorden denkt auf seine Weise. In ihrer Einfalt erklären sie: diese Auffassung war die unserer Väter; warum sollte sie nicht die unsrige sein? Sind sie nicht glücklich gewesen, als sie den Eingebungen des Aristoteles oder des Descartes folgten? Warum sollten wir uns den Kopf über Ideen von Neuerern zerbrechen? Solche Geister werden sich stets der Weiterentwicklung der Erkenntnis entgegenstellen; es ist daher nicht verwunderlich, daß sie selber so wenig zuwege bringen.

Gleich nach meiner Rückkehr nach Remusberg werde ich mich kopfüber in die Physik stürzen; das verdanke ich der Marquise. Ich bereite mich überdies auf eine recht heikle und recht kühne Unternehmung vor; aber ich will Sie erst nach dem Versuch, an den ich alles setze, davon unterrichten.

Zu meinem Leidwesen begibt sich der König in diesem Frühjahr nach Preußen, wohin ich ihn begleiten werde; das Schicksal will, daß wir Kriegsspiele spielen; und trotz all meiner Vorstellungskraft sehe ich noch nicht voraus, wie wir uns sehen könnten. Für mein Gefühl wird das stets zu spät sein; davon sind Sie, wie ich hoffe, ebenso überzeugt wie von den Gefühlen, mit denen ich, mein teurer Freund, Ihr unveränderlich Ihnen zugetaner Freund bin

Federic.

Friedrich stellt sich den Staatsaufgaben. Er hat bereits mit seiner Krankheit zu kämpfen und zieht die Ausgabe des „Antimachiavell“ zurück, weil er fürchtet, sich damit Feinde unter den anderen Herrschern zu schaffen.

Charlottenburg, 21. Juni 1740

Mein lieber Freund, der Mann, der Ihnen diesen Brief von mir aushändigen wird, ist der Mann aus meiner letzten Epistel (der preußische Oberst von Camas). Anstelle Ihrer unsterblichen Verse wird er Ihnen Ungarwein, anstelle Ihrer herrlichen Philosophie wird er Ihnen meine schlechte Prosa übergeben. Ich bin von Ar-

beit überhäuft und erdrückt; doch sobald ich etwas Muße habe, werden Sie auf gewohntem Wege dieselben Tributzahlungen wie früher von mir erhalten. Auf mich warten eine Bestattung, eine Erhöhung, viele Reisen, Sorgen, die mir die Pflicht auferlegt. Ich bitte Sie um Vergebung, falls mein Schreiben und das von vor drei Wochen schwerfällig wirken; diese Mühen werden ein Ende nehmen, und dann mag mein Geist seine natürliche Geschmeidigkeit wiedererlangen.

Vous, le seul dieu qui m'inspirez,
Voltaire, en peu vous me verrez,
Libre de soins, d'inquiétudes,
Chanter vos vers et mes plaisirs;
Mais, pour combler tous mes désirs,
Venez charmer nos solitudes.

(Sie, einziger Gott, der mich erleuchtet,
Voltaire, alsbald werden Sie mich sehen,
Frei von Mühen und Sorgen,
Ihre Verse und meine Freuden besingend;
Doch, um zu erfüllen all mein Begehren,
Kommen Sie, zu verzaubern unsere Öde.)

Nur zitternd diktiert mir meine Muse die Schlußzeile; und ich weiß nur zu gut, daß Freundschaft weichen muß vor l'...

Adieu, mein lieber Voltaire; lieben Sie mich immer ein bißchen. Sobald ich Oden und Episteln machen kann, sollen Sie sie als erster lesen. Aber Sie müssen viel Geduld mit mir haben und mir die Zeit lassen, mich auf der Lebensbahn, auf die ich soeben geraten bin, langsam einzuüben. Vergessen Sie mich nicht, und seien Sie versichert, daß, nach der Sorge um mein Land, mir nichts mehr am Herzen liegt, als Sie von der Wertschätzung zu überzeugen, mit welcher ich Ihr treu ergebener Freund bin Federic.

Charlottenburg, 27. Juni 1740

Mein lieber Voltaire, Ihre Briefe bereiten mit stets unendliches Vergnügen, nicht wegen der Lobeshymnen, die Sie auf mich singen, sondern wegen der lehrreichen Prosa und der charmanten Verse, die mit dabei sind. Sie wollen, daß ich von mir erzähle, wie der unsterbliche Abbé de Chaulieu es tat. Was soll's? Ich habe Sie zufriedenzustellen.

Hier nun, ganz nach Wunsch, Zeitung aus Berlin.

Ich kam am Freitagabend in Potsdam an, wo ich den verstorbenen König in so traurigem Zustande vorfand, daß ich ahnte, daß sein Ende bevorstünde. Er gab mir tausend Zeichen seiner Freundschaft und sprach mit mir eine gute Stunde lang sowohl über innere als auch auswärtige Angelegenheiten und tat dies in völliger Geistesklarheit und mit denkbar gesündestem Menschenverstand. Auch am Samstag, Sonntag und Montag schien er sehr ruhig, hatte, was ihn selbst betraf, keinerlei Hoffnung mehr und ertrug sein maßloses Leiden mit größter Festigkeit; am Dienstagmorgen um fünf Uhr legte er die Regierung in meine Hände, nahm zärtlich von meinen Brüdern Abschied, von allen verdienstvollen Offizieren und von mir. Die Königin, meine Brüder und ich standen ihm während seiner letzten Stunden bei, wobei er den Stoizismus des bedrängten Cato zeigte. Er starb mit der Neugier eines Physikers, der erfahren will, was im Augenblick seines Todes mit ihm geschieht, und mit dem Heldenmut eines großen Mannes; er ließ uns in aufrichtiger Bekümmernis über seinen Verlust und mit dem Beispiel eines tapferen Sterbens vor Augen zurück.

Die unendliche Arbeit, die mir seit seinem Verscheiden zugefallen ist, hat mir kaum Zeit zu angemessenem Schmerz gelassen. Seit dem Tod meines Vaters bin ich der Ansicht, daß ich vollständig meinem Vaterland gehöre. In diesem Geiste habe ich soviel als möglich gearbeitet, um rascheste Maßnahmen für das öffentliche Wohl einzuleiten.

Ich habe zunächst damit begonnen, die Streitkräfte des Staates um sechzehn Bataillone, fünf Escadrons Husaren und ein Escadron Gardes du Corps zu verstärken. Ich habe den Grundstein zu unserer neuen Akademie gelegt. Ich habe Wolff gewonnen, Maupertius, Vaucanson, Algarotti. Ich warte auf Antwort von s'Gravesande und Euler. Ich habe ein neues Departement für Commercien- und Manufakturen-Sachen geschaffen, ich engagiere Maler und Bildhauer; und ich breche nach Preußen auf, um ohne heiliges Salbgefäß und ohne die unnützen, lachhaften Zeremonien, welche die Unwissenheit erfunden und die Gewohnheit befestigt hat, die Huldigung entgegenzunehmen.

Zur Zeit verläuft mein Leben recht unregelmäßig, denn die Ärzteschaft hat es für gut befunden, mir zu befehlen, ex officio Pyrmonter Wasser zu trinken. Ich stehe um vier Uhr auf, ich trinke bis acht Brunnen, ich schreibe bis zehn, ich inspiziere bis Mittag die Truppen, ich schreibe bis fünf, und des Abends erhole ich mich in angenehmer Gesellschaft. Nach den Reisen wird mein Leben ruhiger und gleichförmiger verlaufen; doch noch ist vieles zu erledigen, und dazu kommen die neuen Einrichtungen und verbunden damit viel überflüssiges Loben und die Anordnungen, die ich zu erlassen habe.

Was mich am meisten kostet, ist die Einrichtung von Magazinen in sämtlichen Provinzen, die groß genug sind, daß überall im Lande ein Kornvorrat für anderthalb Jahre vorhanden ist. …

Doch zurück zu Ihnen, mein lieber Voltaire; Sie werden zwischen der Marquise und mir Frieden stiften; Sie behalten ihr den ersten Platz in Ihrem Herzen vor, und sie wird erlauben, daß ich in Ihrem Geist den zweiten einnehme.

Ich denke, mein Epistelmann hat meinen Brief und den Ungarwein schon überreicht. Sehr materialistisch zahle ich für all den Esprit, den Sie an mich verschwenden; mein lieber Voltaire, trösten Sie sich, denn im ganzen Universum werden Sie gewißlich niemanden finden, der es mit Ihrem Esprit aufnehmen wollte. Wo es um Freundschaft geht, bin ich nicht zu überbieten, und ich versichere Ihnen, daß Sie von niemandem mehr geliebt noch geschätzt werden können als von mir. Adieu.

Um Himmels willen, kaufen Sie die ganze Ausgabe des Antimachiavell auf.

Gedanken über die rechte Herrschaft (aus „Antimachiavell“ 1739)

Ein Fürst soll vor allem von Liebe zu seinem Vaterlande durchdrungen sein, und sein einziges Ziel sei es, zu dessen Wohle Nützliches und Großes zu vollbringen. Dem hat er alle Eigenliebe, alle Leidenschaften zu opfern. Er muß alle Ansichten hören, auf jede Möglichkeit, die Ansicht jedes großen Mannes achten, kurz alles berücksichtigen, was seinen löblichen Absichten, die Untertanen zu beglücken, förderlich sein könnte.

Ich sagte weiter oben, daß es die erste Pflicht für einen Fürsten ist, des Rechts zu walten. Seine zweite ist es, und das schließt sich unmittelbar da an, seine Staaten zu schützen und zu verteidigen. Darum ist der Herrscher verpflichtet, Ordnung und Mannszucht in den Truppen zu halten, er soll sich auch ernsthaft mit der Kriegskunst beschäftigen, damit er es versteht, Heere zu befehligen, Mühsale zu ertragen, ein Lager anzulegen, für Lebensmittel zu sorgen, richtige und schnelle Anordnungen zu treffen, im Augenblicke der Bedrängnis Auswege zu finden, aus glücklichen und unglücklichen Schickungen Gewinn zu schlagen und es nie an Rat und Einsicht fehlen zu lassen. Das sind freilich gewaltig große Ansprüche an einen Menschen, aber man darf sie höchstens an einen Fürsten stellen, der alles darauf anlegt, seinen Geist zu stärken. Wer immer nur am Stoffe klebt und nur die verschiedenen Antriebe der Sinnlichkeit kennt, der taugt hierfür nicht. Hier gleicht der Geist dem Körper: denn wer sich im Tanzen übt, bekommt Haltung, wird gewandt und geschickt. Vernachlässigt er sich aber, so wird er krumm, verliert seine Anmut, zeigt sich plump und schwerfällig und ist schließlich zu keiner Leibesübung mehr fähig.

Das Leben der Untertanen ist der köstlichste Schatz, der dem Fürsten anvertraut wird. Sein Amt gibt ihm die Vollmacht, zum Tode zu verurteilen oder den Verurteilten zu begnadigen; er ist der oberste Gerichtsherr. Ein Wort von ihm läßt die finsteren Vollstrecker des Todes und der Vernichtung hervortreten, ein Wort die Boten seiner Gnade, die rettenden Heilsbringer dahineilen. Wie-

viel Besonnenheit, Scharfsinn und Weisheit verlangt solches Amt, damit man die Macht nicht mißbraucht. Für einen Tyrannen zählt ein Menschenleben nicht.

Ein guter Fürst fühlt diese unbegrenzte Macht über Leben und Tod als die schwerste Last seiner Krone. Er weiß, daß er genau so ein Mensch ist wie alle, über die er das Urteil sprechen muß, weiß, daß alle Unbill, Ungerechtigkeit und Kränkung sich hinieden wieder gutmachen läßt, aber ein übereiltes Todesurteil durch nichts ungeschehen gemacht werden kann ... Somit darf ein Fürst nur im unvermeidlichen Zwange der Not das Leben seiner Untertanen antasten, muß sich in sorglichster Besonnenheit stets die Frage vorlegen, ob solche Notwendigkeit auch eingetreten ist.

Ich will dies (18.) Kapitel mit einer kurzen Betrachtung beschließen. Man beachte wie furchtbar sich die Laster unter den Händen Machiavellis fortpflanzen: daß ein Fürst zu seinem Unglück nicht gläubig ist, genügt ihm nicht, er will, daß er seinen Unglauben durch Scheinheiligkeit krönt, und meint, damit könne ein Fürst vom Volke noch leichter ans Herz greifen als mit aller schlechten Behandlung, die es von ihm auszustehen hat. Wohl gibt es manchen, der dieser Ansicht bepflichtet, ich aber finde, daß man gegenüber solchen Denkverirrungen Nachsicht walten lassen sollte, solange sie nicht eine Verderbnis des Herzens zur Folge haben; ich glaube, daß ein Volk mehr für einen ungläubigen Fürsten übrig hat, dafern er ein Ehrenmann ist und sein Bestes will, als für einen Strenggläubigen, der ein böser Übeltäter ist. Nicht die Denkweise des Fürsten, sondern seine Art zu handeln macht die Menschen glücklich.

Nun zu seinen (Machiavellis) Ratschlägen, wie sich ein Fürst verhalten soll, um nicht verächtlich zu erscheinen: er soll weder launenhaft noch unbeständig, feig, weibisch oder unentschlossen sein. Hierin hat er sicherlich recht. Aber er rät auch, großartig, ernst, mutig und fest zu erscheinen. Mit dem Mute ist das schön, aber warum sollen Fürsten nur den Anschein solcher Tugenden erwekken und sie nicht lieber in Wirklichkeit besitzen? Fehlen ihnen diese Eigenschaften, dann tun sie stets übel daran, sie vorzutäu-

schen, und man wird immer den Unterschied zwischen der Wirklichkeit und der gespielten Rolle empfinden.

Die Ruhe Europas ist hauptsächlich auf die Erhaltung des weisen Gleichgewichts gerichtet, durch welches die Überlegenheit einiger Herrscher von der vereinten Kraft mehrerer anderer Kräfte ausgewogen wird. Kommt es ins Schwanken, dann muß man eine allgemeine Umwälzung fürchten, und auf den Trümmern jener Reiche, die durch ihre Uneinigkeit schwach und machtlos wurden, kann ein neues Reich entstehen.

„Die Possen haben ein Ende!"

Als Ergebnis der Studien in Rheinsberg und seines gereiften Charakters übernimmt Friedrich II. im Alter von 28 Jahren die Regentschaft in Preußen und läßt keinen Zweifel daran, wie er den Staat leiten will:

> Gegenüber dem ersten Ratgeber, Herzog Leopold von Anhalt-Dessau, der ihn bittet, ihm Ämter und Autorität zu belassen, äußert er: „Ich werde Eurer Liebden alle Ämter belassen. Was die Autorität angeht, so weiß ich nicht, was Eurer Liebden meinen. Autorität halte in diesem Lande nur ich."
>
> Als er den Baron Pöllnitz mit der Durchführung der Beisetzungsfeierlichkeiten für seinen Vater beauftragte, wies er ihn an: „Keine Mogeleien! Keine Schiebungen mit den Kaufleuten! Ich werde es nicht durchgehen lassen!"
>
> Seinen Generälen erklärt er, daß die Armee sich nicht über das Volk stellen und es nicht durch Habsucht und Übermut bedrücken dürfe.
>
> Danach befiehlt er seinen Ministern, daß sie niemals die Interessen des Monarchen den Interessen des Volkes vorziehen dürften.

Am zweiten Tag seiner Regierung gründet er eine Zeitschrift für Politik und Literatur.

In der Armee wird das Fuchteln der Kadetten, das Schlagen mit der breiten Degenklinge, eine übliche Strafe, verboten.

In Gerichtsprozessen, so weist er seinen Minister von Cocceji an, wird die Tortur, die Folter, abgeschafft mit Ausnahme von Majestätsverbrechen und Landesverrat.

Die „gewohnten Brutalitäten" bei der Soldatenwerbung wurden bereits am fünften Tag verboten.

Kindsmörderinnen durften nicht mehr qualvoll ertränkt werden, wurden aber „zur Enthauptung begnadigt".

Ehen zwischen entfernten Verwandten wurden erleichtert.

Der Konsistorialrat Reinbek erhält den Auftrag, den Philosophen Christian Wolff wieder nach Preußen einzuladen. Wenn ihm das gelingen sollte, hätte er ein Verdienst an der Wahrheit erworben, denn: „Ein Mensch, der die Wahrheit sucht und sie liebt, muß unter aller menschlichen Gesellschaft wert gehalten werden."

Der nichtpolitische Teil der Presse wird nicht mehr zensiert: „Gazetten, wenn sie interessant sein sollen, dürfen nicht genieret werden." – Diese Maßnahme wurde allerdings mit Beginn des ersten Schlesischen Kriegs wieder aufgenommen.

Die unnütze Garde seines Vaters, die „Langen Kerls", wurde aufgelöst, da sie nur überhöhte Ausgaben verursachten. Dennoch wird die Armee nicht verkleinert (s. S. 121).

Der Brotpreis wird verbilligt und dazu die staatlichen Getreidelager freigegeben.

Der Bauzwang wird aufgehoben.

Das Bierbrauen wird von erschwerenden Vorschriften befreit.

Im Generaldirektorium (etwa Ministerium) wird eine Abteilung für Industrie und Handel eingerichtet.

Die Religionsfreiheit wird angeordnet: „Die Religionen müssen alle toleriert werden, und der Fiscal muß nur das Auge darauf haben, daß keine der anderen Abbruch tue, denn hier muß jeder nach seine Façon selig werden.“ Und: „Die Religionen sind gleich und gut, wenn nur die Leute, die an sie glauben, ehrliche Leute sind. Und wenn Türken und Heiden kämen und wollten das Land peuplieren (bevölkern), so wollen wir ihnen Moscheen und Kirchen bauen.“

Die Akademie der Wissenschaften wurde aus ihrer jämmerlichen Rolle befreit. Friedrich berief bedeutende Gelehrte aus mehreren Ländern Europas, einige kamen. Zum Präsidenten wurde der französische Geograph Maupertuis ernannt.

Sein Rheinsberger Sekretär Charles Etienne Jordan wird zum Geheimen Rat und Inspekteur ernannt und mit der „Aufsicht über Hospitäler, Waisenhäuser, der Polizeipflege und der Gründung eines Arbeitshauses, um die übrigen Bettler zu beschäftigen“, betraut.

Der nach London geflohene und zum Tod verurteilte Leutnant von Keith wird zurückgerufen, befördert und als Stallmeister eingesetzt, doch nicht zum Heeresdienst und zum König zugelassen.

Der Vater seines hingerichteten Freundes Katte wird zum Grafen erhoben und zum Generalfeldmarschall befördert.

In einem Rundschreiben an seine Beamten bezeichnete er es als Ziel seiner Regentschaft, sein Volk „vergnügt und glücklich“ zu machen.

Seine Lage beschreibt er, etwas selbstironisch und pathetisch, in einem Gedicht an Voltaire. Darin heißt es:

Meinem Volk, an dem ich hänge,
Diesem Gotte will ich dienen.
Lebt denn wohl, ihr heitren Klänge,
Verse, Flöte – fort mit ihnen!
Alle Kurzweil, selbst Voltaire,
Sei verbannt: die Pflichten allein
Soll mein Gott, mein höchster, sein!
Ach, wie drückt die Krone schwer!

Im Dezember des gleichen Jahres beginnt König Friedrich den ersten Schlesischen Krieg.